小文艺·口袋

成为您的美好时光

OBJECT LESSONS
知物

隐匿于日常生活中的真相

问 卷
潘多拉的清单

questionnaire _ EVAN KINDLEY

〔美〕埃文·坎德雷_著

李慧娟_译

上海文艺出版社
Shanghai Literature & Art Publishing House

致艾米莉，为了一切，

特别是＿＿＿＿＿＿＿＿＿＿

我开始怀疑

这个选择

是否好过

坐下,安静地做些什么。

　　——约翰·阿什伯里,《普鲁斯特问卷》

目 录

导论：作为形式的表格 1

第一章 公开隐私 13

第二章 测试，测试 43

第三章 你对自己的看法 69

第四章 提问的艺术 91

第五章 潘多拉的清单 121

第六章 交友与数据 149

第七章 测试狂热 175

致谢 215

索引 219

导论：

作为形式的表格

　　人们为什么喜欢填写表格呢？或许首先要问：他们真的喜欢吗？许多（或者说大多数）问卷填写起来毫无乐趣。在车管所和医生办公室的时候，在报税季或申请保险理赔的时候，在民意测评员给我们打来电话或当面询问的时候，或是在买书、使用优惠券、浏览在线目录的时候，我们都只是在不情愿地完成表格。在这些与问卷狭路相逢的日常时刻，我们很少能享受其中；有时候，我们能做的只是填上自己的懊恼而已。

　　但是，也存在其他类型的问卷——性格测

试，相亲资料填写，在线小测试——这些是我们所喜欢的。抑或说我们爱这些测试也不为过。有版权的心理测试（比如迈尔斯-布里格斯类型指标，修订版五因素人格量表，九型人格）每年给出版者们带来数百万美元的收益。美国最为流行的在线交友网站 Match.com 拥有239万注册会员，这些会员们最经常做的就是回答问卷。BuzzFeed[1] 得分最高的测试——"你实际上应当属于哪个州？"——截至2015年12月共拥有4200万点击量。没有任何人是被强迫回答问题的。我们必须要面对一个现实：对许多人来说，在适宜的时机下，填写表格是一种乐趣。

但是这一乐趣观经历了数百年的发展历程。大多数前现代的问卷（比如1577年西班

---

[1] BuzzFeed，美国的一个新闻聚合网站。——编者注

牙国王菲利普二世（King Philip II of Spain）为了统计其美洲殖民地份额而颁发的人口问卷）是执政者为了计算和记录国家财产的工具；没有人喜欢它们。现代意义上的"问卷"一词最早于19世纪中期出现在法国。之前，该词主要用于教义问答和忏悔之类的天主教宗教活动，以及政府的调查和审讯。（在18世纪，"questionnaire-juré"一词被用来形容行刑者。）

准确地说，那时的问卷并非刑罚工具，而是刚刚开始流行起来的征税工具。受访者要回答的问题都是关于那些容易被确认、描述、清数，并且政府可以从中获利的东西：主要是金钱和财产。让人们回答这些问题并不总是那么容易。这种对税收的敌意在人们对其他形式的调查的反应中也有所体现。在17世纪末18世纪初，受弗朗西斯·培根（Sir Francis Bacon）

所启发的博物学家们尝试利用问卷来搜集交通不便的偏远地区的动植物信息。从1645年开始,一群与农业改革家塞缪尔·哈特利布(Samuel Hartlib)有联系的"知识分子们"向农场主和教区牧师发放了一系列调查问卷,以了解他们所在区域的情况。例如,托马斯·梅切尔(Thomas Machell)名下的一个有着时髦标题的条目——《为了让遍布古董和老乡绅们的北方诸郡不再被埋没在故纸堆,请看以下逐次提出的问题》——这样写道:"1. 该教区叫什么名字?是如何得名的?该名在古文献中是如何写的?它位于哪个主教教区,哪个公爵领地,哪个百户区,哪个城区?它是如何划分界限的?如何与东西南北方向的其他教区的领域相区分的?是通过哪条河、哪个篱笆、哪堵墙、哪条堤道,或是其他知名的地标,哪个集会地点和边界来区分的?抑或,这些教区(或是其中任何一个教区）的边界在法律上是否是有争议的或模糊的。"

所有这些早期的科学问卷的回收率都接近于零。在仅有的回复中，受访者也常常表达出对于整个问卷事业的怀疑。一位地主写道，他不在乎"任何（至少）表面看起来既没有现时乐趣也不能提供未来收益的事务"。历史学家亚当·福克斯（Adam Fox）发现，"让人吃惊的不是这些问卷的回收率那么低，而是调查者们对于问卷价值的乐观情绪竟然能够持续那么久。"福克斯的评价是中肯的：引人注意的是，面对着受访者普遍的漠不关心，学者们却坚持为不存在的受访者设计精致的提示和说明；在以往的问卷堕入毫无回响的深渊之后，他们仍坚持继续发送问卷。学者们对于问卷的潜在价值的信念，强烈到能够让他们忽略问卷在当时的无用性。在整个18世纪甚至19世纪早期，问卷不是一种有效的调查方法,而是一个与社会的科学完美性相联系的乌托邦文类。改革者们幻想,如果能够让人们去填写这些必要的表格,那么一个更好的世界就会得以实现(或者至少会朝着那个方向进一步)。

*

问卷属于"空白表格"之下的一个分类。莉萨·吉特尔曼(Lisa Gitelman)在她的著作《纸上的知识——文档的媒介史》中,强调了"为工作而打印的"空白表格在19世纪和20世纪官僚主义兴起及新资本主义经济稳固发展中所起到的重要作用。吉特尔曼指出,空白表格是官僚主义的终极产物。它们作为空白的、不掺杂感情的、功利的文档,被设计出来帮助官员们处理和归类数目庞大的百姓。

问卷的历史是一部试图让广大群众在接受

枯燥的调查时获得更多乐趣的历史。当然,问卷的方法在经年累月中变化极大。政治家和科学家们起初认为目标人群只有在强迫之下才会回答私人性的问题,但是随着时间发展,他们逐渐明了,百姓们实际上非常"享受"问卷的审问。他们甚至会主动地去寻找参与这种体验的机会。因此,问卷的历史也是一部心理操控术以及推销术(即一系列寻找打开大众心扉的魔力词语的尝试)的历史。

在2016年,我们填写了前所未有之多的表格,尽管比起手写或是说给另外一个人听,我们现在更愿意在电脑或手机上输入答案。当你在"脸书"[1](Facebook)等社交媒体注册时,你需要填写一个涵盖有你的基本信息的表格:

---

[1] 脸书,美国的一个社交网络服务网站,创始人是马克·扎克伯格。——编者注

姓名、年龄、居住地址、工作地址等,不管你想填多久都可以。你的名字怎么读?你最喜爱的名人名言是什么?你喜欢哪类电影、书籍和音乐?当你从亚马逊网站(Amazon)或其他在线零售商那里购物时,你也要填写含有你的地址、信用卡信息、偏好送货方式等信息的表格。如果你想要帮助他们更精确地通过算法向你推荐物品,你可以回答更多的关于你所偏好的产品类型的问卷。当你加入类似OkCupid、Match.com、eHarmony等婚恋交友网站时,第一件要做的事情就是回答一系列私人问题,以帮助你精确找到绝配伴侣。当你工作疲乏想休息一会儿时,你直奔BuzzFeed做个小测试。你回答问题,小测试会告诉你,你是什么类型的人,然后你把结果发布到"脸书"。其他人也会告诉你,他们是什么类型的人。

我们为什么会回答所有以上问题？问卷的魅力在哪里？它是如何在我们的生活中变得无所不在的？本书以下的七个章节将会追溯私人问卷从在英国维多利亚时期的突然流行，到在当今社交网络中随处可见的发展历程。为了还原问卷的发展历程，我们首先要去还原科学和流行文化的发展历史。问卷是一个非同寻常之物，因为它已经像一个网球一样，在实验科学和大众媒体这两个领域之间被击来打去久已。它很少会长时间停留在其中一个领域，而是从每一次截击中获得旋转和动量。在1870年代，问卷一方面被统计学家发送出去，用来收集关于人体测量学数据；另一方面它也同时被当作室内游戏供英国资产阶级取乐。在20世纪初期，问卷被有组织的心理学家们利用起来，并被重新改造成诊断和评估的工具。在1960年代和1970年代，问卷失去了其科学性的声望，但借助于《时尚》(*Cosmopolitan*)之类的面向大众市场的女性杂志的发送,问卷又在一个数量空前的受众群中流行开来。最终,在21世纪,问卷再一次成为了以科学分析为目的的数据收集工具,尽管现在它所覆盖的范围绝对超乎其最初的使用者们的想象。

在以上所述的杂乱的、不连贯的历史过程中,私人问卷被赋予多种用途。这些用途并非都是高尚和道德的,大众提交问卷的意愿也经历了起起伏伏(但主要是增长的)的过程。最早接触问卷的人们,感觉问卷给他们带来的是惶恐、困惑、恐惧和反感。那时候,问卷看起来好像是政府特工折磨或讯问他们的工具。随着问卷变得越来越为我们所熟悉,我们忘却了最初的怀疑,并学会了放下担心,而爱上问卷。

现在我们也许正在经历钟摆摆向另外一个

方向的过程。在过去的几年中，受益于对国家监控的揭露以及大众对于在多个文化领域内兴起的大数据的争论，私人信息的汇编已然成为一个至关重要的政治议题。尽管这些变化激起了我们的被害妄想和愤世嫉俗，但浏览的习惯仍然难以戒除。跟17世纪的祖先相比，如今的我们更具质疑精神却也更加粗率。我们对于广泛搜集私人数据的态度经常变化，从渴望到愤怒到顺从，然后再周而复始。我们知道"他们"在监视着我们，我们愤怒却又满不在乎。在这种诡异的氛围中，非常需要回想起这样一个事实——提供私人信息这一决定，尽管有时候看起来是不可避免的，但它既非出于自然的人类本能，也不能对社会有所增益。

那么，它是什么呢？

这是个好问题。

第一章

公开隐私

1870年,一位名叫弗朗西斯·高尔顿(Francis Galton)的英国科学家向伦敦皇家自然知识发展协会(the Royal Society of London for Improving Natural Knowledge)的180位成员提交了一份7页的问卷。尽管高尔顿本人颇具抱负,他对于自己能否完成这项计划也并没有自信。"在1874年,像我一样要求伦敦皇家自然知识发展协会的每一位成员回答许多符合我目的的问题——有不少涉及宗教和其他敏感话题——是一项需要勇气的事业。"他在1908年的自传中如此回忆道,"我这次循环提问的规模是惊人的。很多之前进行循环提问的经验让我领会到，预判某个人能否友善地接受提问是不可能的。有些人会出乎意料地敏感。"高尔顿记得，一位"在科学界享有盛誉的人物，因为收到提问几乎暴跳如雷。而另一位我并不怎么相熟的内阁部长，却毫不犹豫地给我提供了全面的、非常有趣的信息。"

高尔顿对于他自己的"需要勇气的事业"的紧张并不惊人。即使是以今天的标准来看，他的许多提问也都是相当有侵犯性的。这些提问涉及血统（"您的父亲和母亲分别是英国人、威尔士人、苏格兰人、爱尔兰人、犹太人，或是外国人吗？"）、生理特征（"［您的］气质是非常明显的忧郁质、多血质、胆汁质，还是黏液质？您帽子内沿的直径是多少？"）、教育（"您是几岁开始进入小学、中学以及大学学习的？在每个阶段分别学习了多久？"）、信仰

("您年幼时习得的宗教是否对您的研究自由产生了负面影响?")以及其他敏感话题。高尔顿感觉到有必要向受访者确认这些回答都会被匿名保存。"被标记为'隐私'的条目会受到严格保密处理,"他向问卷的接收者们保证,"它们只会被当作数据为一般的统计结论服务。"

高尔顿的调查最终收到来自100位科学家——包括查尔斯·达尔文(Charles Darwin)和詹姆斯·克拉克·麦克斯韦(James Clerk Maxwell)——的回复。这些回复结果最终在高尔顿1874年出版的著作《英国科学家:他们的天性和教养》(*English Men of Science: Their Nature and Nurture*)中被匿名公开并得到分析。这本书的直接目的是驳斥瑞士植物学家奥古斯丁·彼拉姆斯·堪多(Augustin Pyramus de Candolle)关于后天环境——而不是遗传素质——是科学成就的决定因素的观点。但是高尔顿并没有止步于此。根据这些数据，他得出了一系列需要进一步商榷的普遍结论。例如，他总结道，"科学家的性格具有非常强烈的反女性气质的特点。他们的思想指向事实和抽象理论，而不是个人或人类利益……在许多方面他们很少对女性的思考方式有同感。"他还发现男科学家们对于传统的教育和宗教充满敌意——所有这些观点都与高尔顿自己的思想相契合。

不论他的科学性结论的价值几何（尽管在高尔顿的同时代就已经有人对其提出质疑），高尔顿的研究在方法论上取得了绝对的成功。与之前所有的单部科学著作不同，《英国科学家》在英国开创了以自陈式问卷作为收集实验证据的合法手段的传统。几年以后（1879年），高尔顿通过写作名为《论视觉化及其他相关能力》（"Questions on visualizing and other allied faculties")的文章,巩固了自己作为问卷研究奠基人的地位。这篇文章中使用的问卷,以"早餐桌问卷"一名而广为人知,因为回答者被要求描述他们早餐的外观。这种训练是实验心理学发展史上的一个里程碑;现在临床上仍然在使用这一方法来测试病人视觉想象的能力。

取得这些初级阶段的成功之后,高尔顿将大部分精力转向了劝说他的同时代科学家们回复更多的问卷。从历史上来看,这是一项赫拉克勒斯式的艰难任务,对于哈特利布信息圈[1](Hartlib Circle)的寥寥的回复率也证明了这一点。作为一位热心的社会改革者和科学家,高尔顿继承了前辈们的抱负和理想主义——他也

---

[1] 哈特利布信息圈,17世纪30至60年代,由博学家塞缪尔·哈特利布及同事一起建立起来的位于英国伦敦的情报机构,用以沟通联络当时欧洲西部和中部的信息交流。——编者注

幻想了一个通过询问正确的问题而得以重构的世界。但他的乌托邦主义的种种细节，在现在看来有不少问题。和许多同时代的科学家一样，高尔顿有着根深蒂固的种族主义观念。他本人19世纪40、50年代在非洲和中东的旅行，更进一步强化了这种观念。对他来说，白种欧洲人在所有其他种族面前的优越性，是他信仰的一部分。《来自遗传的天赋》(*Hereditary Genius*)和《英国科学家》这两本书都以优生学为基础。高尔顿命名了这门科学，也作了大量先驱性研究。在1904年发表于《美国社会学期刊》(*American Journal of Sociology*)的一篇论文中，高尔顿把优生学定义为"研究所有能够改善一个种族的先天素质以及使这些素质得以最大程度利用的科学。"

高尔顿在发展人体测量、统计，以及进化生物学的同时，还致力于创建一个能够理解并且控制（这点更为重要）人类繁殖的学科。被完善后的优生学将能提供"一个国家准确的人口清单"，进而便于政府定位那些"具有优良遗传功能"的个体，并鼓励他们相互结合生育下一代。与此同时，那些并不占据基因优势的群体——大多数是下层阶级和非白人种族——将会被阻止繁育下一代。（这种阻止将会以何种形式发生，高尔顿并未给出明确说明。与他的后继者不同，高尔顿从未主张过强制绝育。尽管在他未发表的乌托邦小说《不能说在哪里》（*Kantsaywhere*）中，他想象了一个国立的"先天缺陷者"劳改营。）

优生学运动将会在 20 世纪前半叶继续发展，并造成灾难性的影响（最广为人知的是在纳粹德国的影响）。毫无疑问，高尔顿需要为此承担一部分责任（尽管他早在 1911 年就已过世,而那时候对优生学的滥用还没有蔚然成风。)写到这里,我对于高尔顿试图证明的是什么——欧洲白种贵族相对于世界上所有其他人类的遗传优越性——并不感兴趣;相反,我感兴趣的是:他是如何进行证明的。高尔顿在其遗传学研究中,率先解决了社会科学中的一大世纪性难题,即如何说服人们克服自己的不情愿来提供私人信息。"大多数男人和女人回避记录自己的遗传价值,"高尔顿在1883年的《双周评论》(*Fortnightly Review*)中这样写道,"除非在极少数场合,人们才会轻声暗示或含糊其辞地谈论家族病。仿佛羞于启齿便能化解想法,这样一来本该深埋心底的家族秘密,就不会像其他八卦一样被添油加醋地流传开去。"虽然不愿分享关于家族医疗历史的精确细节,被高尔顿认为是"愚昧的",但他也承认"尽管我们循循善诱,困难还是存在。"

他决定瞄准"医务人员"——尤其是那些他认为"会被一种尽最大努力、尽可能多地书写他们自己来抒发科学热情的方式所吸引的"医务人员——来解决这一难题。与此同时,他利用了君子爱财的本能,给"那些最擅长生动、全面、细致地定义其各自家庭成员的(医学及其他)特征的候选人"提供了高达500英镑的现金奖励。

除此之外,高尔顿还诉诸维多利亚时代人们对于家庭的情感,声称完成他的问卷有助于让家庭成员变得更为亲密。"我期望中通过这些奖励措施所推动的调查,会是许多亲戚都乐于参与的事业。"他预测道,"这会让他们与一些长年失去联系的老朋友们展开愉快的通信,也会催生出一种与相距遥远的亲戚之间的愉快的利益纽带。"这一过程的重点在于缔造一个家族的传家宝而不是实验数据。高尔顿宣称,

"不管这些结果的价值几何,在调查过程中偶然得到的事实,将会形成一套单独的为整个家族所珍视的文献。"他也的确与出版行业进行合作,来制作这些文献。1884年麦克米兰出版社推出了高尔顿的《家庭禀赋记录》(*Record of Family Faculties*),并附赠一本名为《人生史辑录》(*Life History Album*)的小册子。即将或刚刚为人父母的家长们可以利用这本小册子来记录子女的成长过程。通过这种方法,高尔顿还发明了育儿手记(baby book)这一至今仍被广泛使用的流行文类。

*

为什么科学问卷会在经历了几十年的失败之后突然流行开来?为什么维多利亚时代的人们,会比之前几代的英国人更渴望回答关于他们自身的问题呢?家庭价值观、金钱激励和职业责任感都起到了作用,而且自哈特利布(Hartlib)的时代起而得到大大提高的扫盲率也促进了印刷出来的问卷的潜在受众群的产生。另外,在这一时期公众的情感也发生了重要变化。在17和18世纪,拥有土地的乡绅们搜集详细信息的举动受到质疑,因为这些调查与征税和并不受欢迎的政府干预颇有瓜葛。但是,在维多利亚时代,中产阶级把来自科学家的关注当作一种荣耀,他们出奇渴望与科学家进行合作。高尔顿在1884年伦敦国际健康博览会(the London International Health Exhibition)上所展出的人体测量实验室(Anthropometric Laboratory),吸引了包括首相威廉·尤尔特·格莱斯顿(William Ewart Gladstone)在内的众多参观者,他们争相吵闹着要接受询问和测试。

理性主义、进步主义和自恋主义组合起来

一齐推动了问卷的早期发展。维多利亚人喜爱问卷因为这迎合了他们对科学的信仰、对于改变周身世界的最真诚的渴望，以及——这也许是最重要的一点——他们对于自己生活中的日常细节的深厚兴趣。的确，对于人体测量问卷的狂热，与 19 世纪末期英国中产阶级之中流行的自白录（confession albums）时尚，具有一种奇怪的相似性，这是一种在 1870 年代及之后流行的室内游戏。自白录是中世纪的友谊画册或留言册（"友谊之书"）的维多利亚变种，中世纪的人们用它来收集自己的亲密朋友的签名——不同的是，在自白录中，人们要求朋友不仅签名留念，还要回答例如"你认为自然中最美丽的事物是什么？"和"你最能容忍的怪癖是什么？"之类的问题。"自白"一词暗含有私密的意思。但从保存至今的自白录（其中经常包含有来自多人的回答）来看，他们曾经被自由并且频繁地在多个朋友圈中传阅。就像在当今的社交媒体流传散布的私人细节一样,这些回答并非真正的自白,而是被有意分享的象征性标记。它们具有在文人阶层之间充当亲密流通货币的功能。

自白录起初的销售目标是女性,而且它们好似经常被用来当作求爱过程中的小道具,用以增进两性之间的对话和调情。一些摘自1878年的《问卷人辑录》(*The Querist's Album*)的问题样本展示了这一运作机制:

> 您对现在的女孩怎么看?
>
> 您对现在的男青年们怎么看?
>
> 一位男士应当在什么年龄结婚呢?
>
> 一位女士应当在什么年龄结婚呢?
>
> 求婚应当是女士的特权吗?
>
> 您相信一见钟情吗?

您相信为爱而结婚和为钱而工作吗?

您曾经恋爱过吗?如果有的话,是多久一次呢?

您最钟爱的是什么颜色的眼睛和头发呢?

017 我们可以想象这些细致提问中的任何一个,都能够发展成一场兴致勃勃的席间闲谈,一位女主人与追求者之间的促膝谈心,甚至可能最终发展成一场求婚,这谁能预料呢?"尽管男性和女性同样参与了自白录的填写,"学者萨曼莎·马修斯(Samantha Matthews)写道,"女性看起来更严肃一些……男性更多是在女性的要求下参与的,女性似乎更为看重自白书所揭示出的内容。"萨曼莎指出了男性和女性的回复在语气方面的不同:女性通常很真诚,而男性经常以一种混杂着屈尊俯就或直白的轻蔑的态度来参与这一活动。例如,一位"阿瑟·R·C·约翰斯"的回答如下:"生命中最高贵的目标"是"赚钱",最爱的花是荨麻。

这种讽刺的男子气态度在奥布里·比尔兹利(Aubrey Beardsley)1889 年发表于《点滴》(*Tit Bits*)杂志的《一份自白录的故事》("The Story of a Confession-Album")中有所概述。"我觉得在生活中所有的令人讨厌的小事中,没有能超过自白录的。"比尔兹利的男性主人公这样抱怨道,

> 这是一种可悲的对隐私的公开,一种新的调查,尽管这与之前的调查一样出于好意……我不知道到底是书写自己的"告白",还是阅读别人的自白,是项更为让人难堪的试炼。看起来大部分人认为把自己尽可能快速地、愚蠢地展示出来是件趣

事。更糟糕的是，这一观点被那些声称莎士比亚是他们最钟爱的诗人、贝多芬是他们最钟爱的作曲家、拉斐尔是他们最钟爱的画家的人们奉为正统之说。

018　　尽管绅士们对这项"全新的调查"的态度莫衷一是，许多 19 世纪杰出的知识分子都提交了自己的答卷。其中包括卡尔·马克思（Karl Marx）（他自诩自己最有特色的"单一目的"和最为喜爱的职业就是做个"书呆子"），弗里德里希·恩格斯（Friedrich Engels）（他认为最悲惨的事就是"去看牙医"），奥斯卡·王尔德（Oscar Wilde）（他写道自己最为惊人的性格特质就是"过度的自尊"以及最招人厌的地方是自己是"一位彻头彻尾的爱尔兰新教徒"），以及柯南道尔（Arthur Conan Doyle）（他拒绝回答数个问题并把自己目前的精神状态描述为"精疲力竭的")。记者们,特别是法国的记者们,对于公开传播这些名人的自白起到了推波助澜的作用。1892年《插图集》杂志(*La Revue illustree*)给一批著名作家发放了一份类似于自白录形式的问卷,并把他们的回复在接下来的数月以《自白沙龙》("Les confidences du salon")为题进行刊登。

这些文学家们的自白中的大多数在他们自己的时代并不那么流行,而只是存在于历史学家和文学研究者们的记忆中。但其中有一位得以超脱于其本初的语境而流传下来,并持续产生惊人的影响。1886年,年仅13岁的马塞尔·普鲁斯特(Marcel Proust)填写了自己的童年玩伴安托瓦妮特·福尔(Antoinette Faure)(未来的法国总统菲利·福尔的女儿)的一本英语版的自白录中的一页。这部问卷流于空洞的名声,部分可以归咎于年幼的马塞尔所给出的早慧的普鲁斯特式的回答。对于问题"你最钟爱的美德是什么?"他的回答是"所有不能归类于某一个特别派别的;那些具有普适性的。"而另一个日常性的提问"您希望住在哪里?"竟然激发了一股形而向上的激情喷涌:"理想的国度,抑或我的理想国度。"他的"您对于悲惨的理解是什么"——如问卷所示——"与妈妈分离"。而对于问题"你能最大程度给予容忍的缺点是什么?"他的回答是"天才的私人生活"。

1891年,20岁的普鲁斯特完成了第二份问卷(与第一份相比知名度稍低);事实上,在其生前这份问卷以《马塞尔在沙龙所作的自白》("Salon Confidences written by Marcel")为题发表于《插图集》杂志上。而1886年的自白,直到普鲁斯特过世后不久的1924年,才被安托瓦妮特·福尔(Antoinette Faure)的儿子——心理分析学家安德烈·伯奇（André Berge）发现，并以《一个幸运的发现》（"About a Lucky Find"）为题发表于文学期刊《月志》(*Les Cahiers*)。伯奇描述了自己是如何在"一堆因为被湿气浸染而粘连在一起、只有些许几页可怜的幸存书页"中，偶然发现了母亲的旧自白录的。除了复原问卷本身，伯奇还附上了一份细致的心理分析学意义上的文本分析。例如，他指出普鲁斯特关于"您对于悲惨的理解是什么"的初次回答是"远离妈妈"，之后他划去了这一回答，用"分离"代替了"远离"。"通过这一划掉的动作，"伯奇从理论角度分析，"我们可以确定地看出这位伟大的心理学家的长久的焦虑感，他努力地通过对于短语的微妙使用，传达出他所有想法中最精妙的细微之处。"

伯奇的这一分析引发了人们对于这份问卷

的膜拜心理而正是这份问卷在日后以"普鲁斯特的问卷"(le questionnaire de Proust)而广为人知。有趣的是,伯奇一边对自白录中"愚蠢的问题"极尽诋毁之能事,一边盛赞普鲁斯特的天才式的回答。但是公平地说,这些问题本身——首先是对于作家和文学研究者来说,其次是对于更广义的文化来说——开始具有了一种图腾式的意义。这两份由普鲁斯特所回答的问卷,在一些文学类的少儿读物小册子中获得了惊人的新式演绎。高中老师们把这些问卷发给学生填写,为了写出更深入地展示学生特点的推荐信;小说家和剧作家们则为自己的主人公们设计填写这些问卷,以使人物形象更"站得住脚"。那两个问卷本身也成为了圣物:2003年,1886年的普鲁斯特问卷的手稿被拍卖出了10.2万欧元的价格(相当于12万美元)。

这一点石成金的过程是如何发生的呢？在相当长的一段时间里，"普鲁斯特问卷"主要是被文学研究者和某些欧洲先锋文化人士所知晓。但是，到了20世纪50、60年代，这套问卷的不同版本开始经常出现在法国的高档杂志上——比如《书目》（*Biblio*）、《快报》（*L'Express*）、《观点》（*Le Point*）之上——并最终成为代表欧洲中产趣味的出版物的标志之一。1980年代，德国的《法兰克福汇报》（*Frankfurter Allgemeine Zeitung*）和英国的《星期天通讯》杂志（*Sunday Correspondent*）都在小说家吉尔伯特·阿代尔（Gilbert Adair）的建议下，发表了普鲁斯特问卷的其中一个版本。阿代尔精明地指出："从经济学角度来说，问卷的好处在于没有一位同意提交问卷［答案］的名人会要求酬金。"

1993年，格雷顿·卡特（Graydon Cater）

主编的《名利场》（*Vanity Fair*）开始在末页上固定推出"普鲁斯特的问卷"栏目，从而首次把这一形式在美国大众读者之间推广开来。回应者并不仅限于普通读者和文化人——尽管包括诺曼·梅勒（Norman Mailer）、弗兰·勒波维茨（Fran Lebowitz）、琼·狄迪恩（Joan Didion）在内的一些作家也的确是参与其中了——而是也扩展到名厨茱莉亚·查尔德（Julia Child）、时装设计师卡尔·拉格斐（Kar Lagerfeld）以及电影明星阿诺德·施瓦辛格（Arnold Schwarzenegger）。其中施瓦辛格对于"最悲惨的事是什么"一题的回答是，"你读过《幻影英雄》[1]（*Last Action Hero*）的影评吗？" 2009年，这本杂志把这些问卷结

---

[1] 电影《幻影英雄》由施瓦辛格主演，1993年6月在美国上映。——编者注

集出版,并且为了进行宣传,推出了名为《启动吧,普鲁斯特!》(Turbo Proust!)的在线交互版本的普鲁斯特问卷。这一在线系统不仅能够让你提交自己的答案,而且能让你把自己的答案和《名利场》数据库中的过往答案进行对比。(在你做问卷的时候,页面左上角有一个动态的类似马塞尔形象的卡通人物不断闪现,而且会对着你抖胡子。)

但是,相对而言还是电视对于普鲁斯特问卷的普及起到了最大的作用。1975年,法国脱口秀主持人伯纳德·毕沃(Bernard Pivot)把这套问卷的一个版本,放在了他的文学类节目《撇号》(Apostrophes)的结束环节。实际上,尽管毕沃声称是通过这一环节向普鲁斯特致敬,但他所列出的十个问题——包括"你最常用的骂人的口头禅是什么?"以及"如果上帝存在的话,你想听他在你死后说什么?"——跟普鲁斯特所回答的问卷没有任何契合之处。《撇号》这个节目在法国取得了惊人的成功,在其鼎盛时期每期节目有640万人同时收看,并且主打问卷环节。问卷回答者中包括苏珊·桑塔格(Susan Sontag)和亚历山大·索尔仁尼琴(Alexander Solzhenitsyn)的拥趸们。詹姆斯·利普顿(James Lipton)把毕沃版本的普鲁斯特问题推广到美国,最早于1980年代在纽约城市大学的电视网络中出现。"当时我在调换电视频道,"利普顿在2007年的自传中回忆道,"在一个节目的片头偶然瞥到诗人兰波的肖像,我又把台调了回去,然后就看到了一个不大常见的画面:几个人坐在一片半圆形的区域里,面对着一位被夹满书签的书所围绕的专业人士。"尽管利普顿一开始是被这个节目整体安排上的复杂性所吸引,后来却渐渐对其中的问卷形式更感兴趣:"在节目即将结束时,"他写道,"主持人提出了一连串我从听过的问题:这是一种口头形式的罗夏墨迹测试[1](Rorschach test),通过这种测试,观众能够从答题者的仅有一个单词的回答中,得到比一个小时的谈话所能传达出的更多的信息。"之后,利普顿把这一形式挪用到于1994年开始在精彩电视台(Bravo)播放的、他自己制作的脱口秀——《在演员的工作室里》(*Inside the Actor's Studio*)。1989年《撇号》停播,但是毕沃在其下一档节目——《法国咖啡馆》(*Bouillon de culture*)——中同样利用了问卷的形式;2001年这个节目的最后一期中,毕沃和利普顿也史无前例地先后提交了自己的问卷答案。

---

[1] 罗夏墨迹测试,是著名的投射型人格测试。通过向被试者呈现标准化的由墨迹偶然形成的模样刺激图版,让被试者自由观察联想,从而加以分析、进行人格特征诊断。——编者注

023　　在以上所提及的所有语境中,对于受访者来说,被要求回答所谓的"普鲁斯特问卷"呈现为一种至高殊荣,这是一种能够体现你和你的工作圈子都已经脱离了枯燥单调的推销模式的方法。你在那里不仅仅是在叫卖你的产品;而让观众们更感兴趣的,首先是你本身。尽管维多利亚时代的自白录很直接地希望把受访者引向时代性的话题("您是怎么看待当下的年轻男性的呢?"),之后的普鲁斯特问卷则更倾向于推动一种对于名人的趣味、观点和偏好的超越时间性的哲学式的兴趣。跟传统的记者采访不同,这些组成普鲁斯特问卷的问题,并不是为某个受访者专门制作的,在某种程度上,正是这种测试的标准化使它声名鹊起。不管你是位哲学家还是情景喜剧演员,问题都一样。你的个性是通过你的回答——以及你正在回答问题这一事实——来展现的。

　　普鲁斯特本人会对"普鲁斯特问卷"这一现象怎么想呢？估计他会表现出轻视。在他未竟的重要作品《驳圣伯夫》(*Contre Sainte-Beuve*)中，他抨击了作家们对于私人生活的传记式的兴趣。他很明确地反对文学批评家查尔斯·奥古斯丁·圣伯夫（Charles Augustin Sainte-Beuve）的观点——圣伯夫认为如果没有掌握细节性的传记式信息，那么"批评家就不能说已经对一个作家有了全面的把握"。"圣伯夫的方法忽略了关于自我认知的知识中最为浅显的一点，那就是，一本书是由一个在日常生活习惯、社交生活，甚至恶习中所展示出来的自我，所完全不同的自我所写作的。"普鲁斯特写道，"如果我们想要理解那个特别的自我，需要通过探寻我们的内心深处，并尝试着在那里重建这个自我，才能做到。"对于普鲁斯特来说，作家本真的自我是最为重要的，这种本真性只能通过对作品本身的仔细阅读才能被发现。与那种简单的"微不足道的谈话"完全不同，这种"心灵的最真实的声音"："是在孤独中书写出来的，并且只为自己而书写出来的，一个人最内在的隐秘生活向公众的展示。而私人生活中蕴含的所有……都是由一个特别肤浅的自我——而不是最内在的自我——所制造产生的。只有当一个人把全世界，以及和那个全世界经常接触的自我都放在一边时，才能发现那个最内在的自我。"问卷，尽管很多样，却也只是微不足道的谈话。

把问卷的审美哲学放在一边不说，单是普鲁斯特和圣伯夫之间的分歧，就可以被视为一种早期的关于普遍意义上的问卷的价值的辩论。问卷能够捕捉受访者内在的一些精确的、有价值的特质，并被用来推进大众公益吗？抑或说,问卷能够催生出八卦、"微不足道的谈话"、"公开隐私"之外的,能够被放在客厅展示,而不是仅在普通人之间流传的东西吗?在接下来的一个世纪的美国,所有这些问题都将被以一种远高于在其他地方被谈及的频率,而被反复提出。

第二章

测试，测试

在美国，组织机构很早就开始使用问卷。二十世纪初叶，大多美国人都是以这种或那种形式被强迫着填写了问卷。虽然私人问卷发源于像高尔顿这样的编制外科学家，但它很快就被中小学、大学或其他大型机构所采用。很多早期的人体测量学研究，都着重关注对智力的测验——一项在大众教育领域具有明显的实际应用潜质的事业。1905年，法国心理学家艾尔弗雷德·比内（Alfred Binet）和西奥多·西蒙（Theodore Simon）开发了一套智力量表，用以评估3到12周岁孩童的智力。斯坦福大学的心理学教授路易斯·特曼（Lewis Terman），在1916年修改了这个量表并创建了斯坦福－比纳智力量表（Stanford-Binet Intelligence Scales），这一量表为1926年诞生的第一个全美标准化智力测验——美国高考学术能力测试（SAT）——奠定了模型基础。

教育机构对自我汇报型的问卷进行使用的同时，科学领域内也发生了微妙但影响深远的变化。

高尔顿的问卷是收集人体学测量数据的工具，这些数据之后会被他和他的追随者用来提供对优生政策的改进建议。虽然数据导出的结论将会在历史上影响数百万百姓的生活，但是对于实际填表人的影响却几乎为零。与之相反，诸如比内-西蒙量表（Binet-Simon）、斯坦福-比纳智力量表（Stanford-Binet）、美国高考学术能力测试之类的测试，则被用于评估领域，从而对填写他们的人有了即时的影响。那时就跟现在一样,在智力测验上得了低分,很可能会让你失去高等教育或白领工作的机会。这些结果与其他一些分数合并在一起,甚至会使整个民族或者种族被定性为非人类的状态。这是问卷史上的一个"第一次"——作为工具的问卷不再仅仅被用于研究人类,还被用于对人类进行分类。

除创建美国高考学术能力测试之外,心理学测试的早期发展史中最重要的时间点,当属美国为一战作动员的时期。随着1917年美国加入一战,美国心理学协会(American Psychological Association)成立了一个以其主席罗伯特·耶基斯(Robert Yerkes)为首的征兵心理测试委员会(Committee on the Psychological Examination of Recruits)。在他们的调查中,诞生了著名的军队甲种及乙种智力测试(Army

Alpha and Beta Intelligent Tests)。这项测试以一系列多项选择题来考察新兵的"精神能力"。军队甲种智力测试(The Alpha Tests)通常被用于500人左右的团体,通过各种算数和文字的测验相结合来评估每个人的总体智力。军队甲种智力测试(The Beta Tests)则是针对非英语使用人员和文盲的非文字版本。除开斯坦福-比纳智力量表(Stanford-Binet)和其他基本智力测试,被征募者也会参加"实际判断"测验,其中的一些多项选择题的例子如下文所示:

> 为什么每个人都应该受教育?因为:
> A. 罗斯福就是受过教育的
> B. 这会使人对社会更有用
> C. 这会花很多钱
> D. 有一些受过教育的人很睿智

为什么牛肉相对卷心菜来说是更好的食物?因为:

A. 它更难以获取

B. 它味道更佳

C. 它更有营养

D. 它从动物身上来

(如果你在纠结上述两题的答案的话,正确答案是 B 和 C。)一项在马萨诸塞州德文斯堡(Fort Devens)针对入伍新兵识字程度的测试,始于一些在语法和词汇方面极度简单的"是与否"的问题("狗会叫吗?煤是白色的吗?你看得见吗?"),之后再提升语言和语义的复杂度("职员喜欢休假吗……你真心赞成造假吗?"),最后到达一种几乎有点迷幻的程度("瞬间效应总是很迅速吗?……无限小的钛块存在吗?")

军队甲种及乙种智力测试的直接目标是实际的：它们能够让军队识别出适合军官训练的出色个体，或者将低分数的被征募者分配到劳工营或其他低端岗位。但是该项目本身也使得心理学家们史无前例地累积了美国人口的人体测量学数据。可以推测，这些数据以当时盛行的优生学家的假设为基准而被加以分析。耶基斯 1921 年发表的巨著——《美国军队中的心理检查》（*Psychological Examining in the United States Army*），将士兵根据种族（"白人"和"黑鬼"，在后来的类别中也有"黑色人种"、"棕色人种"和"黄色人种"的子类选项）和出生地进行分类。白人的分数普遍高于黑人，美国本地人的分数普遍高于外国人。军队甲种智力测试甚至都不能被称之为我们今天所定义的"有文化盲点"：因为被测试的与其说是"智力"（无论这其含义为何），不如说仅仅是对于某一特定文化环境的熟悉程度。当然对于"为什么每个人都应该受教育"这个问题本身有多样的答案,但是在这个问卷中,却只有"使人对社会有用"是正确答案。

从科学角度来说,这些测试对智力和能力的测量实际上毫无帮助。尽管如此,这些研究的发现几乎立马为反对移民的本土主义运动所武装并加以利用。1923年,耶基斯为心理学家卡尔·布里格姆(Carl C. Brigham)所著的《美国智力研究》(*A Study of American Intelligence*)撰写了前言。该书使用军队甲种及乙种智力测试的结果来论证北欧种族优于高山人和地中海人,并提出警告说"从1902年开始的每隔五年进行的连续性的移民活动,都在为我们的种族加入一批劣等个体。"在耶基斯的前言中,他宣称"作者所呈现的不是理论,不是观点,而是事实!我们需要考虑移民者的可靠性和行动意图,因为作为公民的一分子,我们不能忽略民族的劣化或者移民对国家进步和社会福利带来的影响。"

耶基斯的本土主义在同年给《亚特兰大月刊》(Atlantic Monthly)的读者回复的信件里显得更为不客气:"如果你想要的是高赋税,随处可见的救济院,不断增加的残疾人学校、惩戒机构、监狱、医院,以及公立学校中那些'特殊'的课程,那么你就随意去为那些不加限制未经选择的移民们去效劳吧!"他这样写道。次年,国会通过了约翰逊-里德移民法案(Johnson-reed Immigration Act),以限制每年移民入境的人数;而包括耶基斯和布里格姆在内的优生学家就是支持该法案的中坚力量。

*

一战的结束并没有为始于军队的心理测试

画上句号。1919年,在敌对状态结束后不久,美国军队通过心理学家罗伯特·伍德沃斯(Robert S. Woodworth)制定了一套问卷用以解决"导弹休克症"("shell shock")的问题——1.5万余名美国退伍军人自述表现出慢性恶心、心悸以及其他一些今天临床上称为创伤后应激障碍(PTSD)的症状。这类流行病的严重程度,使得军队开始试验进行针对不稳定心理状态的更为严格的新兵筛选标准,其指导思想是只有精神力弱的人才会在战斗应激状态下"崩溃"。

伍德沃斯所开发的测试——伍德沃斯精神神经症量表(Woodworth Psychoneurotic Inventory)、伍德沃斯心理病态问卷(Woodworth Psychopathic Questionnaire),以及伍德沃斯人格数据表(Woodworth Personal Data Sheet)——包含了75个"是与否"问题。其中一些关于

力量:"你是否经常感觉强壮且健康?……你的脸会不会持续发痒?……你会有时感到心悸吗?"另外一些则是关于爱好:"饮酒后你会不会暴躁?……你自慰时会伤害自己吗(自虐)?……你是否曾经尝试过任何形式的'毒品'?"还有很多在今天看来是为了识别出病理行为,而提出得过于直白的问题:"在你的认知范围里你觉得谁可能会伤害你?……你会不会有种奇怪的感觉,觉得自己不再似从前?……你站在高处会有往下跳的冲动吗?……你是否曾强烈地希望将什么东西点着?"当然也有一些仅仅是为了测量新兵的"男子气概"的问题:"你能稳坐如山吗?……你能静静地忍受疼痛吗?……你是否喜欢户外运动?"

031　　诸如军队甲种智力测试和伍德沃斯系列测试等,展示了心理测试在机构内的效用,这很快便受到了其他机构的关注。战后,对于测试不断增长的需求更多来自工业界。比如雇用了大量学界领先的心理学家的斯科特公司（Scott Company）和心理公司（The Psychological Corporation）这样的机构，为各种公司提供有偿咨询服务。工业心理学，或者说"应用心理学"，在这样的环境下应运而生，并与弗雷德里克·温斯洛·泰勒（Frederick Winslow Taylor）的科学化管理一起成为了资本主义生产文化中主流的影响因子。

对赫姆·沃兹沃思气质量表（Humm-Wadsworth Temperament Scale）的广泛使用是一个极好的例子。该量表是心理学家唐卡斯特·赫姆（Doncaster Humm）与人事经理盖伊·沃兹沃思（Guy Wadsworth）通力合作的产物，原本是为了调查一桩员工对主管的谋杀案。赫姆·沃兹沃思气质量表（Humm-Wadsworth Temperament Scale）中的七项"人格综合征"(Personality Syndromes)——"歇斯底里"、"狂躁"、"压抑"、"自闭"、"偏执"、"癫痫"以及"正常"——取自于精神科医生及资深优生学家阿伦·罗森诺夫(Aaron Ronsanoff)在纽约州立精神病院的临床研究成果。

赫姆测试中的"是与否"问题结构与沃兹沃思测试相似,但在问题设置上更加精妙,使被测试者更难与之博弈。虽然部分原因在于测试结果足有七项之多,而不仅限于"正常"或是"有病"。有一些母题(服从权威、好争吵、宗教热情)循环出现,但全部318个问题中绝不可能避开所有暴露本性的诱导。例如回答赫姆·沃兹沃思气质量表的第29题("当你听到好故事时会告诉别人吗?")或者第37题("一个人应当优先于其他地方考虑发展自己的家乡吗?")时,一个被测试的员工根本不知道选什么才能让他得分"正常"。诸如此类的工作场所测试不再有文化盲点,甚至更为犀利:问题本身就是精心设计的难以被看破的陷阱。

尽管在今天看来赫姆的量表对美国的工作场所的分析过于病态化,但从管理学角度来看,这也很有道理。尽管早期的工业心理学家的政治观还都是相对进步的——以心理公司的詹姆斯·麦基恩·卡特尔(James McKeen Cattell)为例,其观点就与美国劳工联合会(AFL)的创建者塞缪尔·冈珀斯(Samual Gompers)所提出的"心理学应该如何促进工会主义的发展"的理念不谋而合——但人格测试作为一门管理学科,就像泰罗主义[1]一样,通常都是带有反工会性质的。1935年的美国

---

[1] 泰罗主义,也称泰罗制,指费雷德里克·泰罗在20世纪初创建的科学管理理论体系。泰罗制将生产效率提高到无以复加的程度,但把工人当成奴隶般压榨。——编者注

劳工关系法案（National Labor Relations Act）明令禁止向潜在员工直接提出与工会相关的问题，但是允许使用一些激进主义的、具有反社会特征的问题去筛除捣乱分子。就像历史学家迈克·齐卡（Michael Zickar）所记录的那样，老板们"更愿意接受心理学"角度——而不是经济学角度——对于员工加入工会这件事的解释，因为将工会主义划归为心理学的范畴总归好过于涨工资。

033　　然而，这些经理们为了掌控、分类员工们所开发的测试技术，最终在他们自己身上开花结果。在20世纪40、50年代，一系列带着愚蠢绰号的"员工分类工具"——本罗特人格量表（Bernreuter Personality Inventory）、沃辛顿个人历史量表（Worthington Personal History Blank）、瑟斯顿人格量表（Thurstone Personality Schedule）、亚当斯-莱普利人格量表

(Adams-Lepley Personal Audit)、奥尔波特 A-S 反应研究（Allport Ascendance-Submission Reaction Study），以及吉尔福德-齐默尔曼气质调查（Guilford-Zimmerman Temperament Survey）——在商界如雨后春笋般地冒了出来。到 1956 年记者威廉姆·怀特（William H. Whyte）出版他的论著《管理人员》(*The Organization Man*) 的时候，这些测试已经成为了公司环境的一部分，以及公司管理层的麻木无效率的证明。怀特写道：

> 本来，这些测试是让经理们用来淘汰不合格员工的工具。随着时间推移，性格测试又融合了能力测试，大经理们开始将这些测试用在现在或潜在的小经理身上，到今天绝大多数的人格测试已经不再是针对员工而是针对管理人员的。如果管理人

员获得了提升，那么动因竟是他自己设定的管理哲学。

像很多20世纪中叶自由派的知识分子一样，怀特所担心的是美国的企业精神，会在官僚主义循规蹈矩的大幕之下被扼杀。他担心的是人格测试实际上在迫使"管理人员"压制自己的活跃个性来使得自己能够归属于一个能够被接受的泯于众人的形象中去。所以怀特建议，在面对组织给出的具有侵略性和破坏性的测试时，员工们应该采取一些温和的抵制："当组织或公司要求某个个人表达他的深层感情的时候，他有义务给出服务于自我而不是服务于'组织'的答案。"怀特强调，"也就是说，这时候他应该稍稍作下弊。"《管理人员》甚至在书末附加了一个名为《如何在人格测试中作弊》的附录，来教导有抱负的公司人"如何回

答地就像标准答案一样":

> 为了在任何问题上都能给出最佳答案,请铭记以下几点:
> a. 我爱我的父母,但更爱父亲一些
> b. 万事万物都有其存在的道理
> c. 我从不过分担心什么事情
> d. 我不太在书籍和音乐上过分挑剔
> e. 我爱我的妻子和孩子
> f. 我不会让她们阻碍我的工作

怀特的书在全国畅销,并且促成了一次举国上下对强制性人格测试的抵制。工作场所的心理学测试被认为是集权主义思想钳制的缩影,在1960年代饱受左右两派的攻击。

"被试者与测试者之间如此明显的冲突将可能会造成一场世纪大战,"自由派评论家马丁·格罗斯（Martin L. Gross）在1962年的《大脑守望者》(*The Brain Watchers*)中给出了犀利的批判。美国的法律和政治系统也开始反对测试。1964年，公民权利法案通过，使得公司们大量减少使用看起来对少数族群有偏见的测试。1966年，北卡莱罗纳州参议员小萨姆·欧文（Sam J. Ervin Jr.）召开了题为《隐私与联邦雇员权利》(*Privacy and the Rights of Federal Employees*)的听证会，该听证会专门把人格测试视为不可接受的、对个人隐私的侵犯。

但是，心理学测试锐减的主要原因，也许是科学界一直持有的对其有效性与价值的质疑。智力测试从一开始就饱受争议：强烈反对者中不仅包括人类学家弗朗兹·博厄斯（Franz Boas）、玛格丽特·米德（Margaret Mead）及奥托·克兰伯格（Otto Klineberg）在内的人类学家，还包括记者沃尔特·利普顿（Walter Lippmann）和那位不幸名为埃德温·博林（Edwin G. Boring）的心理学家。1930年，《美国智力研究》（*A Study of American Intelligence*）的作者布里格姆（C. C. Brigham）摒弃了他之前所有智力研究上的成果，并称其为"自命不凡"与"缺乏基础"的败笔。

最终，批评的矛头指向人格测试本身。1948年，贝伦特·福勒（Bertram Forer）在《变态与社会心理学杂志》（*Journal of Abnormal and Social Psychology*）上发表了题为《人格鉴定谬误——关于轻信的一次课堂实验》（"The Fallacy of Personal Validation: A Classroom Demonstration of Gullibility"）的文章。

其中，他讲述了自己在洛杉矶退伍军人管理精神卫生门诊（Veterans Administration Mental Hygiene Clinic）开办的心理学概论课上，对他的学生们使用一款兴趣诊断问卷（Diagnostic Interest Blank）进行调查的过程。福勒告诉学生，他会将测试结果进行分析，并以此给每个人建立一份独特的人格素描。一周后，他发放了39份一模一样的人格素描，其中包含了一些含糊的、大众化的结论，例如"你非常希望其他人喜欢并倾慕你"以及"你的一些愿望非常不切实际"。然后他要求学生们对测试的效用进行5分制的打分。"在这么多份对于兴趣诊断问卷充分性的评价中仅有一份低于4分，"福勒记录道，"所有学生都接受了这个问卷，认为这是良好的甚至是完美的人格测试工具。"福勒的观点在于，"个人验证（personal validation）"——被测试者对测试准确性的认知——是一项不靠谱的指标，是一种确认偏差（conformation bias）。"个人验证给出的正向反馈，很容易麻痹测试分析员或治疗师，让他们自我感觉良好，"福勒警告说，"从而让他们以为自己的理论及诊断实力都正确无误。"

确认偏差的具体形式在《人格鉴定谬误》发表之后，也被称为"福勒效应"（Forer effect），或者有时也被称为"巴纳姆效应"（（Barnum effect），源自于其表演因为包含了每个人都喜欢的因素而广受欢迎的马戏团艺人巴纳姆（P. T. Barnum）的名字。尽管福勒并没有指斥人格测试者为江湖术士，他狡黠地通过将人格测试者与"水晶球女巫"相类比来进行暗示（对占星术的部分参考是人格测试科学文献的主要内容）。十年后，工业心理学家罗斯·斯塔格纳（Ross Stagner）与一组人力资源管理专业人士一起重复了福勒的试验，并写成题为《易受骗的人事主管》（"The Gullibility of Personnel Managers"）的文章，在这篇文章中批评的意图更加明显。"各种心理服务在全美市场上明码标价,"斯塔格纳写道,"有一些是有能力且训练有素的善意服务,另一些则仅仅是在兜售毫无价值的绣花枕头。"斯塔格纳将心理咨询师描绘成诈骗的艺术家,通过阿谀幼稚的企业经理的虚荣心来骗取其信任,"故而精明的销售可以轻易地欺骗人事部职员——只需要让他们相信自己的判断优于统计数据即可。"

从学术的角度来看,沃尔特·米切尔(Walter Mischel) 1968 年出版的《人格与评估》(*Personality and Assessment*)成为了对人格测试的致命一击。在迄今为止对心理学测试最全面且最严厉的批判中,米切尔分析了多种人格测试工具,并得出结论,认为典型的"人格系数"——也就是测试结果和实际观察到的被测试者行为的关联程度——只有 0.30,这是一个在"统计学上有意义,实际却偏低的数据"。"尽管行为模式通常很稳定,但它们却难以在不同情境下高度统一。"米切尔在他后来的研究总结中写道。更有甚者,"不连续——这里指非浮于表面而是真正内在的不连续——其实是真实性格的一部分。"人们时不时就会改变,行为也经常不一致:这是人类性格真实的状态,并不是什么异常现象好让那些精心设计的性格测试或者典型化的系统去纠正。那么,在米切尔看来,人格评估的根本前提——个体的心理学特征与属性在不同的环境、情景,甚至生命阶段里都能保持一致——根本就是错误的。所有之前妄图"测试"性格的做法都依托于人类行为学上的谬论,故而它们都应该被摒弃。

测试进入了主流的美国生活多归功于科学的加持。但到了1970年代,它却同样因为科学而险些止步。在福勒、斯塔格纳、米切尔等一众人的研究揭露下,人格评估愈发地在学术界声名狼藉。但心理学测试并没有因为其科学根基的朽化而消失殆尽。它们如同白话习语一般,在远离了教室或者实验室等正式机构的其他场所蓬勃发展。如迈尔斯-布里格斯类型指标或九型人格测试等就曾出现在管理峰会、新时代运动(New Age)的集体活动、教堂地下室以及准宗教组织的办公室内。除此之外,1989年万维网诞生后,这些测试又出现在网络中。

尽管当今参与或者设计人格测试的人们,依然相信测试在某种意义上的"科学性",但他们也几乎不会为此苛求"科学性"的证据。更重要的一点——这是非常重要的一点区别——这些测试都是受测者自愿完成的。测试不再是为了获得工作或者接受教育而必须要忍受的审判,而是出于人们追求自我启迪的兴趣或激情。在 20 世纪前半叶，大多数的心理学测试都是命令式和官方强制性质的；而今天与测试有所关联的，大都是小型边缘化组织以及真正意义上的"死忠粉"群体。

第三章

你对自己的看法

现而今最受欢迎的人格测试当属迈尔斯-布里格斯类型指标（MBTI）。40年前没人能够预测到它今天的地位。迈尔斯-布里格斯类型指标的历史也非同寻常。1923年雄心勃勃的小说家凯特琳·库克·布里格斯（Katharine Cook Briggs）读到了精神分析学家卡尔·荣格（Carl Jung）在《心理类型》(*Psychological Types*) 上发表的论文。在荣格（Carl Jung）的研究过程中，他将性格分成"内向型"与"外向型"："前者将所有事物都看成自己所在的情况，后者则是将其看成客观事件。"他也证明了 4 种心理学功能……思考、感觉、感情以及直觉。"从逻辑上讲，这样就产生了 8 种不同的人格，因为每种思考的类型都可以对应内向和外向两种。

布里格斯成为了荣格理论在美国的早期普及者。1926 年她在《新共和》(*New Republic*) 上发表了题为《与自己相遇——人格颜料箱使用大全》("Meet Yourself: How to Use the Personality Paint Box") 的文章。她表示"通过荣格的原型理论与自己相遇，就像是一个驾驶员在知道汽车的工作原理的情况下开了多年车后，突然有一天见到了最前沿的引擎技术，然后开始顿悟马达和变速器的运作与原理一样"。布里格斯这么写道："这是最宝贵的经验，特别是那些对于自己精神的马力、启动和换挡感到不满足的人；如果以合适的角度逐渐靠近，这一切都显得不那么困难。"

为了对荣格本来的主题加以阐述，布里格斯（Katharine Cook Briggs）提出了"观察性、期待性、个人性、分析性"四个术语，作为"四种主要特征色，而每个个体会无意识地以自己的品位混合着四种颜色从而描绘出他的性格特征，从而显现出他的类别。"尽管荣格提出自己的原型理论时，使用的是非常严肃的欧洲精神分析学的语言，布里格斯却将其呈现为一项对外行人来说令人欢快的业余爱好："辨认原型并不必然需要专业的心理学家，就像收集植物并不必然需要植物学家一样……原型的收集者获得的是一种浑然一体的生活理念，一种新的对于批判的偏见，有必要的话，甚至是一次对于自己生命的重构。"

布里格斯对人格原型的兴趣是非常具有人文情怀的：她认为荣格的系统会让人们更幸福，会让试图理解人类状况的艺术家和作者获益，并且有可能在发展教育方面有实质应用。与之相反，她的女儿伊莎贝尔·布里格斯·迈尔斯（Isabel Briggs Myers）则在母亲观点的基础上，更强调实用性和技术层面的问题。在1940年代，迈尔斯在《读者文摘》（*Reader's Digest*）上读到一篇题为《让工人更适合工作》（"Fitting the Worker to the Job"），讲述赫姆·沃兹沃思气质量表的文章。

迈尔斯-布里格斯类型指标虽然以赫姆·沃兹沃思气质量表及其他工业界的"员工分类工具"为基本模型，却跳出了优生精神病学的范畴，而立足于荣格的原型理论，故而被认为是可以帮助雇主识别工作有力的候选人、帮助个体找寻自己适合的工作的职业规划工具。它假定了16种不同的性格类别（是荣格版本的两倍），均由下列标准组合产生：外倾-内倾（E vs. I），感觉-直觉（S vs. I），思维-情感（T vs. F），以及判断-理解（J vs. P）。从这些二元列表中选择一样，就能组成一个四项的特征类型：例如，我选择了内倾、直觉、情感及理解，那么就与戴安娜王妃（Princess Diana），蒙田（Michel de Montaigne）、J. K. 罗琳（J. K. Rowling）、契诃夫（Anton Chekhov）以及史蒂芬·科拜尔（Stephen Colbert）相似。迈尔斯确信正确地识别这些类型，能让行业将其员工安置在最合适的岗位，以此一举提升产能与员工的士气。

迈尔斯-布里格斯类型指标最早的测试对象是迈尔斯的朋友和家人——其中包含很多有趣的问题，比如"你更同意（a）为生而食，还是（b）为食而生"——后来测试对象拓展到史瓦兹摩尔学院与乔治华盛顿大学医学院的学生群体。自1962年始，该测试被美国高考学术能力测试（SAT）的出版方——教育教育考试服务中心（ETS）——所采用，然而迈尔斯-布里格斯类型指标当时依然不甚为人所知。直到1975年咨询心理学家出版社（Consulting Psychologist Press）——一个更小但更先锋的企业——向咨询公司对其进行了推广（该出版社在2015年左右的宣言是"人发展人"），这项测试才流行开来。到1980年迈尔斯去世之时迈尔斯-布里格斯类型指标已经拥有了百万份的销量；而现在其每年的销售额大约为两千万美元，包含了20种不同国家的语言，并在管理学校、政府机关、教堂、大学等一系列机构中得到了广泛应用。虽然测试本身有著作权保护，只有通过昂贵的认证程序才有权更改，但该测试所提出的基本类型已经成为了常识，并且它在网络上也有很多声口相传的粉丝群。网上有很多迈尔斯-布里格斯相关的论坛和"脸书"群主页，似乎也由此激发了很多同人作品[1]：比如汤博乐博客网[2]（Tumblr）就喜欢使用"虚构作品中潮人的MBTI"（"Funky MBTI in Fiction"）来为小说、电影以及电视剧中的人物进行MBTI个性资料的扩展（例如，包法利夫人就是INFP；疯狂麦克斯就是ISTP；《国土安全》里的凯莉则是ENFJ）。

迈尔斯-布里格斯类型指标的广受欢迎，大概与其对受测试者本人的夸赞有很大关系。测试本身的目的，是为了发掘被测试者的技能而不是缺陷：比如在1962年出版的该测试的使用说明中，内向的人通常被赞扬"有深度、能集中"，外向的人则能"轻松融入环境"，感觉型人士"有同情心，善于人际关系"，思考型

---

[1] 同人作品，指对原作品（最早针对漫画、动画、游戏等）进行二次创作的作品。——编者注
[2] 汤博乐博客网，美国的一个轻博客网站，既注重个性表达，又注重社交。——编者注

人士则"有很强的逻辑分析能力"等。在20世纪开发出来的数百种性格测试中，迈尔斯-布里格斯类型指标使用了最接近流行心理学和自我治疗的语言。"指数对应的描述一直以来都是积极向上且润物无声的……这与我们当今社会所提倡的提升自尊的思想不谋而合，"记者安妮·墨菲·保罗（Annie Murphy Paul）如是说。她指出"迈尔斯致力于对健康、有活力的个体的关注，"比起赫姆·沃兹沃思气质量表尖酸刻薄的临床诊断，不知道要高明多少。迈尔斯去世之后，留下来一本关于发展迈尔斯-布里格斯类型指标的书，其书名叫做《天赋各异》（*Gifts Differing*）——这也如同保罗指出的那样，"迈尔斯有着坚定的信念，认为人无优劣之分，每个人都有其特殊的为世界作贡献的'天赋'……所以她的书中的每一处描述都经过了精心的雕琢，以避免伤害被测试者的情感和虚荣心。"迈尔斯-布里格斯类型指标的测试者们也一直受训于强调测试的普遍性与非评判性，这样让人感觉良好、"众生平等"的信息自然与该测试的广受欢迎有密切联系。

*

与迈尔斯-布里格斯类型指标的积极乐观背道而驰的，是另一个在20世纪最长寿的性格测试：牛津能力分析（OCA）。关于该测试最初的起源众说纷纭，但是所有的说法都指向1950年代山达基教[1]（Scientology）的创始人罗恩·哈伯德（L. Ron Hubbard），认为该测试是在他的要求下开发的出来的。哈伯德非常热衷于当时还是

---

[1] 山达基教，又称科学教，由美国作家罗恩·哈伯德于1954年创立，是新兴宗教之一。山达基的前身是哈伯德开发的一套自我帮助系统——戴尼提。山达基教的性质在国际社会上有较大争议，在中国被认为是不合法的宗教。——编者注

科学主流的智力和人格测试。1950年，他的戴尼提研究基金会（Dianetic Research Foundation）进行了一组测试——包括明尼苏达多项人格测试（Minnesota Multiphasic Personality Inventory）、加州心理成熟测试（California Test of Mental Maturity）以及约翰逊气质分析（Johnson Temperament Analysis）——并试图以此证明思想监测带来的益处（其结果如何不得而知）。

很快，哈伯德便开始为了推动山达基教而开发自己的人格测试。起初这似乎是一个有关必要性的问题：1950年代中期，人格测试的出版商们开始要求他们的客户必须有美国心理协会（American Psychological Association）的认证，这样一来就对哈伯德取得更多合法的科学工具产生了限制。同时这也使教堂能够按照自己的机构要求，来对测试进行相应的改动。"我们所需要的测试必须具有一种高度精确的本质，而一丁点都不依赖操作者本人的观点［原文如此］。"哈伯德在 1950 年为其内部员工写了一部名为《高强度处理程序》（"The Intensive Processing Procedure"）的工作备忘录。"我们的测试必须可以在一个小组内进行即时管理［原文如此］，必须能够很快出分，必须包含高度的数学估计，且得出的事实与数据必须能让外行能在科学层面上信服。"

为此，哈伯德雇用了朱莉娅·路易斯（Julia Lewis）——一个有心理学研究生学位的山达基教教徒——来开发了一套以约翰逊气质分析（JTA）为基础的测试，后者是一个于 1941 年在洛杉矶的一家婚姻诊所中开发的人格量表。看起来路易斯只是简单地复制或转述了约翰逊气质分析中的大部分问题、诊断类型以及计分工具，其中还掺杂了一些诡异的错误（像被测试者有概率得到负分，这在数学上是不可能成立的）。

1995年路易斯将版权归于她名下的这个测试，命名为美国人格分析（American Personality Analysis）。1959年，这项测试应哈伯德的要求，由英国的山达基教教徒操刀整改，并重新命名为牛津能力分析，明显是希望通过其与牛津的可疑联系而让该测试在美国以外的地方也显得有那么一丝合法性。牛津能力分析有200个问题。其中一些问题——比如"你会没事浏览铁路时间表、目录或者词典玩吗？……你会经常因为有趣唱歌或者哼曲吗？"——看起来异想天开或者毫无关联。而另一些则显示出模糊的政治性——比如"你认为需要有更多的钱投入到社会安全保障上吗？……你认为现代的'没有栅栏的监狱'系统注定会失败吗？"还有一些很明显在窥探受试者抑郁的指征：

除了非常特殊的原因,你平时很少会感觉高兴吗?

你是否经常"坐下来思考"关于死亡、疾病、疼楚及悲痛之类的问题?

你有时候会怀疑是否有人真正关心你吗?

你曾经很严肃地考虑过死亡问题吗?

另一些问题看起来是试图找出宗教狂热的潜在可能:

你会更偏好于处在一个不需要为自己所做的决定负责的位置上吗?

你会同意严格的规训吗?

你会对有一个全新的开始这个想法感兴趣吗?

尽管对这些问题做出的回答，最终并没有什么用，因为看上去要在牛津能力分析上拿到一个"良好"的分数几乎是不可能的。

1971年，英国政府对科学教发起了一次调查。询问过程中一些英国心理学家在伦敦和爱丁堡参与了牛津能力分析并随机地回答了问题，结果得到了"相似度惊人的个人性格描述"以及殊途一致的低分。他们的结论是，测试的设置就是为了产生负面结果。进而，他们在完成测试的评估报告中完全被震惊了：他们所谓的性格缺陷被以最刻薄的方式呈现了出来。"如此机械地、不留情面地呈报一个人的无能，实在令人无法想象这是负责任的专业行为"，最后的报告里这么写道："这么做有相当的潜在危害。特别是对于那些敏感而内向，仅被广告所吸引参与测试的人。""这个程序的主要目标似乎是说服被测试者将他们的需求转向由科学教组织所修正的方向。"心理学家们如是分析道。迈尔斯-布里格斯类型指标致力于追捧和保护测试者,并向其展示他们在心理学上的天赋,而牛津能力分析则在相同的地方致力于摧毁性格,再对其进行重构。

*

在为写这本书做案头工作的时候,我广泛涉猎了关于牛津能力分析的文章(就像山达基教的其他事物一样,网上能找到大量关于它的信息,虽然并不是所有数据都可靠或者公正无倚)。但是我还是想亲自见识一下——而且幸运如我,住在洛杉矶——山达基教的世界总部。于是在一个闷热的四月天,我走进了坐落于日落大道的山达基教那巨大的蓝色教堂,要求做人格测试。我被领到一个贴着戴尼提(Dianetics)海报的开放式办公室,里面有一小摄人在用英语和西班牙语交谈。牛津能力分析本身——那200道与我在网上研究时看到的测试大致相同的题目——花了我近一小时时间完成。之后他们给我做了一个半小时的智力测试和一个我五分钟搞定的限时的"能力测试"（看起来是智力测试和人格测试的一个组合，还包含一些其他要求，其中一项是让我在页面左边空白处写上姓名并圈起来）。

当我的测试出分时，一位和悦的中年妇女（55岁上下）坐了下来和我一起浏览可视化的线形图结果。图形被分为三层：最顶层的部分标注着"理想的状态"，中间那层"普通"，最底层则是"不能被接受的状态"。我的结果表看起来就像是将死之人的心电图一般：我的数据点大多集中在最底层的部分，只有数个尖锐的突起表明我"有活力"以及"富有攻击性"。这说明什么呢？我的评估者告诉我，这说明我非常不幸福。根据我的牛津能力分析结果：我极度紧张，不负责任且冲动不已。我活在自己的世界里，胡思乱想。我不信任别人亦难与他人相处，我还可能找茬惹事，冷漠不仁甚至无情无义。但是！好消息来了——我的能力测试值很高，我的智力也高于平均水平，这说明我还能补救很多。那么我是继续我的道路，还是应该选择改变我的人生呢？

我知道，牛津能力分析设计出来就是为了造成这种让人苦恼的结果。我也知道我的评估者刚刚给我的演讲——看起来就像是根据我图表特征上每一个点给出的即兴表演——基本上就是一个事先准备好的独白。在一封1959年的备忘录里，哈伯德提供了一个指导评估者的手稿，开头如下："现在咱们来看看你的性格。这是你自己向我们呈现出来的。请理解这不是我们对你的看法，而是根据你的回答得出的事实科学分析。这是你对自己的看法。"但随之而来的"看法"总是负面的,并总会以一种需要挽救的口吻被表达出来,这跟我在我的评估者口中听到的非常相似。在强调了测试的中立与客观后,对应的补救措施又如此触手可及——在我参加测试之后,就在几个隔间开外的地方,另一位山达基教教徒费尽心机地,想让我参加的为期四天关于"如何改善与他人的关系"的戴尼提课程——而诊断又是来自于病人自己。这是"你对你自己的看法",那么,你自身就成为了只有山达基教能才解决的问题。

牛津能力分析今天依旧是山达基教在世界范围内的招募工具。就像其他所有与教堂相关的事物一样,它一度是争议的源头。2008年,一位叫卡贾·鲍洛(Kaja Ballo)的挪威大学生在参与牛津能力分析后自杀身亡,由于鲍洛住在挪威和法国，这件事使得测试中打击积极性的手法在两地的公众中引起了轰动。虽然法国检察官不能在鲍洛的自杀与山达基教之间建立联系，但从那时起，鲍洛已经某种意义上成为欧洲反山达基激进分子心中的殉道者了。

我在日落大道的山达基教大楼里坐着的时候，一边在想着关于鲍洛的事，一边平静地听着对我灾难般人格的判决。很显然，鲍洛就是英国心理学家所担心的，容易被山达基教的宣传所影响的"紧张内省的人"。她在听到类似的演讲的时候会是何等心情？就算你是精神相对正常的人，听到初次谋面的人数落你的缺陷——其中某些缺陷你还不可避免地认可的时候，你也会很忧愁。(顺带一提：我很紧张！我也会很冲动！)这项测试不会让你感觉良好；因为这不是其存在的价值。

在我的例子里，我知道我的评估者几乎是在逐字重复着半个世纪以前就为她准备好的手稿，就如同牛津能力分析本身在这么长的时间里没有本质变化一般。但鲍洛大概是不知道这些的。自杀很难单从一个极端的缘由引起，也许也会有人说如果不是牛津能力分析，也总会有其他什么导致鲍洛自杀的。但是，如果，她没有在尼斯接头拿到山达基教的宣传单，相反却登陆了她的电脑参加了迈尔斯-布里格斯类型指标测试？那么她是不是有可能被告知她其实是一个 INFP——一个"内向的理想主义者"？那她是不是有可能被告知她与那些显赫的文化名人们，如威廉姆·布莱克（William Blake）、弗吉尼亚·伍尔夫（Vrigina Woolf）、约翰·列侬（John Lennon），以及伊莎贝尔·布里格斯·迈尔斯（Isabel Briggs Myers）本人一样，拥有着同样的性格类型？她会不会感到更有归属感或者被人理解？她甚至可能不会感受到以上任何东西，可能也不会更加了解自己，以使自己更睿智、更快乐。但有时候，单纯的浪费时间并不一定算是件坏事。

第四章

提问的艺术

"普通人都在想什么?"乔治·盖洛普(George Gallup)在其著作《民主的脉搏——民意测试及其运作》(*The Pulse of Democracy*)——他于1940年为投票科学谱写的赞歌——前言的第一句话就如此问道。"民主的历史就是对这个重要问题之答案的不断求索。"随着科学民意调查的诞生,盖洛普证明,对于能代表民主的圣杯——对大众民意的精准测量——的苦苦追寻终于落下了帷幕。

问卷调查是19世纪欧洲的产物,经由英国与法国的改进而后传入美国,为科学家与资本家之类的人群所接纳。但公众意见调查却是美国特有的事业。意见调查的首次登场与在世纪交替时教会推动的社会福音运动有关；这些调查旨在处理地方社区面临的如贫穷与犯罪一类的问题，以提出明确的改革进程。同一时期，社会学家杜博斯（W. E. B. Du Bois）由宾夕法尼亚大学斥资对费城进行了一次开创性的社会调查，其目的也是在于识别以及根除社会问题。

但是美国的意见调查直到 1930 年代才算真正意义上诞生。盖洛普是那个时代优秀的民意测验专家，他的姓氏迄今都在民意调查的研究领域广为人所知。（"盖洛普调查"，就像"施乐复印机"一样，都是为人熟知到靠名字就能认定质量的品牌）。盖洛普盛名的经久不衰是因为他对他的新生科学在公众关系层面所作的强力而持久的努力。

在今天看来盖洛普的某些意见调查的主张显得略有夸大。他在《民主的脉搏——民意测试及其运作》中指出,慎重而无偏倚地对民意的测量,是区分以美国为代表的民主与以纳粹德国和苏联为代表的独裁的重要的标杆之一。"人为地创建一个明显的多数派",就像那些在纳粹与苏联统治下为了追求他们的理想进程而被召集起来的人们一样,"提供了非常差劲的民意指标",盖洛普如是写道:

> 大多数美国人骨子里认为独裁的案例里充满了软弱……他们意识到独裁者强大外表下的巨大缺陷在于他不能了解他自己的所属民众,那么当他想对民众意见进行调查的时候,无疑就像是一个盲人在一间黑暗的屋子里找一束并不存在的光。

055 与上相反，准确的民意调查，则是代议民主的忠实仆从。

　　但是盖洛普并不仅仅是民意调查的宣传者，他也是其方法的创新者。他曾在爱荷华大学攻读社会心理学，指导他的教授们的知识谱系都能追溯到高尔顿和威廉·詹姆斯身上。他进行的第一次问卷调查，始于他研究生时期的暑期工作，那时他在职的广告机构正在进行一项圣路易斯市报纸的读者调查。盖洛普意识到报纸上提供的用来收集读者资料的自助式问卷，远远不能反映出真实情况。其原因很简单：人们在填写时撒谎了。"我发现有很高百分比的回应者声称，他们经常阅读编者按、国家新闻以及国际新闻，"他之后回忆道："极少数承认他们阅读的是八卦栏或者其他一些低端版块。"为了弥补这个缺陷，他设计了后来被称为"盖洛普方法"的解决方案：本质上就是与读者一起坐下来,通过观察他们翻阅报纸的行为来判定他们到底在读些什么。

这些早期的消费者研究经验成为了盖洛普1928年博士论文——《决定读者对新闻内容兴趣的一个客观方法》("An Objective Method for Determining Reader Interest in the Content of a Newspaper")——的基础。这些研究也同时受到了扬雅广告公司(Young & Rubicam)的关注,后者于1932年聘用盖洛普为研发主管。然而盖洛普这颗统计学中的耀眼之星,是在他成功预测了1936年总统大选中,富兰克林·罗斯福(Franklin Roosevelt)对阿尔夫·兰登(Alf Landon)的胜出后才开始冉冉升起的。自1916年起通过民意调查正确预测了所有总统选举的《读者文摘》,预测兰登将以57%的选票获胜;盖洛普则预测罗斯福以55.7%的选票获胜(事实上罗斯福是以60.8%的绝对优势获胜的)。这是一个经典的"大卫与歌利亚"的故事[1]:作为总统民意测验20年的领导者,《文摘》发出了200万选票以判断民心所向,而盖洛普则仅仅选用了约5万人的样本。

这样一个小而精的样本较之《文摘》这样暴力计数的主流媒体竟然能够得出更为准确的结果,美国人民震惊了。在《民主的脉搏》一书中有题为《建立微型选举区》("Building the Miniature Electorate")的一章,在其中盖洛普耐心解释:"在已经建立一个稳定的样本之后,就不再需要堆积更多的额外的例子。"为了解开统计样本的神秘面纱,他使用了居家的、日常的隐喻:

---

[1] 大卫与歌利亚之战,是《圣经》经典故事之一。歌利亚是传说中的巨人,无人匹敌,只有年轻的大卫敢于应战,并最终杀死了歌利亚。大卫日后统一以色列,成为著名的大卫王。——编者注

速记员通过迅速计算一行的字数来估算她一页纸中打出的字数,这就是使用了一个粗略的"样本"。家庭主妇尝了一勺西红柿汤,这就是在为她的汤"取样"。医生从患者血管里抽取了几毫升血液就是在对病人的血液循环建立"样本"。每个例子里都是通过选取整体的一个小部分来对某事作出分析或者测量。

如《读者文摘》给出的民调的失误在于,他们没有将处在交叉区域的"人物"考虑在内——也就是说他们误以为名意调查对象数量越多,越能代表整体的意见。"举个例子,每个人都知道对柠檬派进行取样尝试的时候,"盖洛普写道,"必须包括最上层的蛋白霜,中间的柠檬馅以及最底层的脆屑。《读者文摘》1936年的取样过程,就像是一个小男孩只吃了上层的蛋白霜和中间的柠檬馅,却抛弃了下面多数的脆屑一样"——换言之,取样过度代表了富有者与中产阶级从而忽略了穷苦大众的声音,而后者以压倒性的多数投票给了罗斯福。"历史上没有一场主要的民意测验是失败的,因为被调查对象太少了,"盖洛普强调说:这在当时看来非常违反直觉,但却至今都是民意调查研究的科学核心。

盖洛普的选举预测让他举国闻名。他于1935年建立的美国公共舆论研究所(American Institute of Public Opinion),在他1936年的胜利后得到了迅猛发展,同时他还在多家报纸发表名为"美国的呼声!"("America Speaks!")的专栏,宣传他与众不同的观点,对普遍意义上的民意调查改弦易张。以报纸为主的商业对民意调查手段大加投资,这也使得军方和私企对具有学术型社会科学研究背景的雇员的需求大幅增加。

但是，民意调查的反对者也不在少数，特别在 1948 年选举预测上，盖洛普和他的团队颇受非议地预测托马斯·杜威（Thomas Dewey）将会获胜，最后尴尬地以失败收场后，反对的声浪尤为激烈。1949 年，对盖洛普批评最激烈的政治科学家林赛·罗杰斯（Lindsay Rogers）给"民意测评专家"起了个绰号——"叫卖的小贩"。

作为实用主义者和天生的书呆子，盖洛普对批评的回应是，提出越来越多的方法上的修正。早在 1947 年，也就是杜威/楚门（Dewey/Truman）预测惨败的前一年，盖洛普提出来他称为"五维计划"（"Quintamensional Plan"）的问卷设计。这样的设计不再使用一种问题——比如招人厌烦的多项选择，或是他的民调学家同仁埃尔莫·罗珀（Elmo Roper）所提倡的"餐厅"问题——盖洛普提议使用五种不同类型的问题,这样能使结果在多种统计方法下加以组合与分析,从而得出更丰富、更准确的民意整体图景。所以在盖洛普看来,遇到对民意测验的批评的时候,最好的解决方法就是给出更多更好的民意测验。

*

盖洛普的《问题设计的五个维度》("Quintamensional Plan of Questinon Design")是 20 世纪中期为数不多的社会科学研究中,唯一着重研究询问语义学的。这种潮流的开端要回溯到 1930 年代中期,由奥地利社会学家及市场研究员保罗·拉扎斯菲尔德(Paul Lazarsfeld)发起。拉扎斯菲尔德借由 1933 年的洛克菲勒基金会奖金移民美国,同时也带来了严正的维也纳学派[1]的逻辑，甚至小到看电影与喝咖啡一类的事情都遵循此逻辑。在他1935年的原创性文章《在市场研究中询问为什么的艺术——问卷制作的三个原则》（"The Art of Asking WHY in Marketing Research: Three Principles Underlying the Formulation of Questionnaires"）中，拉扎斯菲尔德对根除问题设计中的模糊与不精确的地方作出了早期尝试。"我们的程序要做的，是找出来'你为什么买这本书？'这句话的真实含义。"拉扎斯菲尔德写下这句话，是为了展示他所谓的"规范的原则"：

---

[1] 维也纳学派，是1920年代在奥地利首部维也纳发展起来的一个自然科学和哲学学派。学派成员的主张主要有两点：一、拒绝形而上学；二、只有通过运用逻辑分析的方法，才能最终解决传统哲学问题。——编者注

在相同固定的经验下,受访者会根据问题所侧重的某个词语来给出截然不同的回答:"买","这本","书"。如果他的理解是"为什么你会想买下这本书?"他可能会说"因为图书管里这本书的等待名单太长,我两个月后都不一定能借到。"如果他的理解是"为什么你会想买这一本特定的书?"他可能会说因为他对书的作者特别感兴趣。如果他的理解是"为什么买下这本书的书面版本?"他也许就会说他原本想用相同的价格购买音乐会的门票,但后来又觉得相对于音乐会买书有更长久的持有价值,于是他理智地选择了买书。

拉扎斯菲尔德坚持认为,一个好的问卷应该准确地指出它想要的问题,并保证受访者能够正确理解这些问题。"我们不能让受访者按照自己的喜好来决定告诉我们何种答案。"他写道。"真正的目的……也是每次他面对作市场研究的学生首先要明确指出的……其实是始终不要忘记他想通过问卷达到什么研究目的。"

拉扎斯菲尔德将奥地利哲学中认识论的复杂性带到了市场研究中。在他的眼里,"消费者的购买行为成为了一个老问题的特殊形式,而这个老问题早就在欧洲的人文传统中占据了神圣的一席之地。"

在 20 世纪 30、40 年代,他领导了一系列雄心勃勃但是缺乏资金的研究中心,这些中心通常附属于某些学术机构,但依存于商家的赞助。这些中心的研究成果包括"布鲁明戴尔百货公司是否应该维持他旗下的餐馆","对冰箱购买者心理的探究",以及"维生素制剂的购买"。这对于一个早期活跃在社会主义学生运动，且自我评价为"具有马克思主义色彩"的学者来说，是一次巨大转折。拉扎斯菲尔德于1931年出版的第一本书——《青年与职业》(*Jugend und Beruf*)——是一项分析不同阶层的年轻人如何确定职业追求的社会学研究。事实上，拉扎斯菲尔德原本并不想研究职业选择，而是想研究年轻人的选举投票行为。但因为研究左派政策在"极端保守"的维也纳大学是颇受争议的，"作为有意识的替换，我将题目转向了年轻人如何发展职业规划。"他在几十年后这么回忆道。

一个目标的转换——拉扎斯菲尔德从研究职业规划到研究选举投票的转换——很快导向了另一个目标的转化。当时一家美国公司请拉扎斯菲尔德的维也纳研究生做一个关于奥地利肥皂品牌偏好的市场调查。"我立马就将［市场调查］联系到我职业选择的问题上来，"拉扎斯菲尔德回忆道，"很显然，我的困难在于职业选择持续的时间很长，而且会引出很多分支与反馈。如果我想要将统计分析与整个选择过程进行融合，那么以当时的情况，我最好集中于更可控的材料上。这就是我维也纳市场调查研究的起源。"他最后总结说："这是运用相同的方法论去研究社会主义投票选举与肥皂买卖的结果。"

1937年，拉扎斯菲尔德成为了普林斯顿广播研究项目的主管。这个项目由洛克菲勒基金会的一项奖金资助，并授权研究大众传播与宣传的效应。研究的本意在于商业用途，但拉扎斯菲尔德又一次成功地在当中放入了一些颠覆性的元素。最著名的例子就是他聘用了德国哲学家西奥多·阿多诺（Theodor Adorno），后者于1938年应拉扎斯菲尔德的邀请来到美国参与电台音乐的研究。拉扎斯菲尔德被"他（阿多诺）关于音乐在社会中扮演的'矛盾'角色的文章"深深吸引，并且"认为若是自己能诱导阿多诺试着将其想法与实证研究相关联将会是一项挑战。"

062　　事情不出所料地变得复杂起来。阿多诺受到有着形而上思辨传统的德国哲学的熏陶，对经验社会学的工作若不是不屑一顾至少也是持怀疑态度。"我认为适合我的，且应明确安排给我的任务是解释现象——而不是对事实材料进行探查、筛选以及分类，并整理成可用的信息。"他在1960年的一本回忆录中这样写道。阿多诺对普林斯顿广播研究项目的研究人员缺乏美学兴趣，以及他们将音乐工作仅仅当作"刺激"的情形感到大为困扰。他也非常不适应调查问卷，至少一开始的时候是这样。"我能将自己沉浸在对美国音乐生活的观察中，并相对地提出理论和假设；但我不能构建那些能到达问题核心的问卷以及采访框架,"他回忆说。虽然他表面上尝试遵循他的美国雇主的研究风格,但私下里,他对整个企业都持怀疑态度:"我……几乎不知道我所认为的核心问题能不能被问卷正确地处理。说实在的,我到现在也还不明白。"他在1960年如是写道。

整个民意研究项目的预测结果,都是建立在人们会告知自己真实想法的基础上。他们也许会犹豫不决甚至疑惑不已,但是当你越过了他们的心理防线并阐明了你的意图,他们就会"敞开心扉"向你吐露真言。而长期浸淫在马克思主义意识形态理论与弗洛伊德潜意识理论中的阿多诺并不信服于如此简单的解释。他的观点是,大多数人即使愿意,也不会告诉你他们真正的想法。"[调查受访者] 看起来主要的自发反应并不足以成为社会学知识的基准,因为他们本身就是受限的。"他写道。在阿多诺眼里，社会是"一个整体，它不仅从外部对操控人们，而且这种操控早就已经内化"：它深入体肤，它直击大脑。那么认为简单直接地问问题（无论提得多么巧妙）就能够提供准确的社会学信息的想法真是天真到无药可救。

至少可以说，阿多诺与普林斯顿广播研究项目的同事们相处不甚愉快。大多数同事都觉得他异于常人且自命不凡，而他则觉得他们都庸俗而缺乏想象。他随处能看到格式化后归一而刻板的思想的例子，他称其为"打卡机式的思维模式"（ticket thinking）：

> 在普林斯顿项目里我那些更迭神速的同事中，有一位年轻女士。几天之后她变得很信赖我，并用一种非常迷人的方式问我："阿多诺博士，您介意我问个私人问题吗？"我说："这取决于问题本身，不过你

问吧。"然后她继续问道:"请告诉我,您是外向型还是内向型?"作为一个生物,她看起来已经是在问卷理论所谓的"餐厅"问题的模式下被限制着在思考问题了。

阿多诺于 1941 年离开了普林斯顿广播研究项目,留下了一些重要的理论文本,但在经验研究领域进展寥寥。但这并不是他在问卷形式上冒险之旅的终点。1945 年,他被邀请参加一个加州大学伯克利分校的一群心理学家举办的反犹太主义研究项目。这一系列的调查最后促成了《权威性人格》(*The Authoriatarian Personality*)的问世——这是 1950 年代社会科学最具有里程碑意义的成果之一。这项巨大的研究结果有近一千页,是对 20 世纪 30 至 40 年代欧洲兴起的法西斯主义的反应措施的构想。其作者想要确切地知道一些如纳粹一般的思想是否会像在德国一样在美国境内生根发芽,以及哪种美国公民可能是最容易受其影响的。怀着这个目的他们设计了"F量表"(the F scale),据说是用来测量个体性格中潜在的对法西斯人士的同情的。

有趣的是,"F量表"的灵感是(或者至少部分是)来自于阿多诺尤为鄙夷的大众媒体。"美国杂志里的有那么些测试,"他后来回忆说,"暗示我们,不用明确地问及反犹太或者其他法西斯观点,只要建立一些死板的观点,就能间接地决定受访者们是否有这样的倾向,从而就几乎可以总体确定下来他们一直有这些特定的观点融于性格中。"这种假设——隐晦的提问比直接指出人们思想偏见的问卷,更能行之有效地识别法西斯人士——让阿多诺和他的同事们自由无碍地进行想象:他们"花了数小时的时间思考构建了整个维度、变量以及典型特征，还包括了一些特定的问卷项目，并且问卷越'以我为主'，答题者就越不会背离'我'设计的主题。"

《权威性人格》所专门设计的问卷，绕开了在参与普林斯顿广播研究项目时曾经困扰过阿多诺的"自发反应"（"spontaneous response"）。"我们所构想的观点、态度以及价值在我们说出来时总会有失偏颇。"阿多诺在该书的序言中这么说。

> 从心理学的角度讲，他们"浮于了表面"……需要认识到的是，个体可能有一些"秘密"想法，是无论如何都不会向任何人透露的（只要他尚能自控）；他也许有一些想法他自己都难以认同，还有一些他没有表达出来的想法也许太过于模糊甚

至畸形，以至于无法用语言来形容。

这个"秘密"想法/"表面"想法的理论促成了阿多诺和其同事独特的用以设计问卷和参访问题的精神分析方法："了解到更深处的趋势尤为重要，"他们写道，"因为在这里能发现个体潜在的民主或反民主思想，以及在关键时刻的行为模式。"盖洛普认为去掉了不知情的恐慌后加入定性的语言环境就能改进问卷结果；而拉扎斯菲尔德认为只需要改进提问方式即可；阿多诺（Theodor Adorno）和他的协作者，则认为需要由社会科学家来翻译出受访者回答背后真正的意图，就像弗洛伊德分析家或者文学批评家那样。

F量表被广泛发放：大学学生群体，精神病临床病人，公立学校老师，商船军官，圣昆汀监狱狱友，以及其他旧金山湾区的大多数地方。除了极少数的几个自由组织领导人外，没人知道这项研究的真正目的；它给受访者的印象是"像'盖洛普民调'一样的针对大众民意的调查"。受访者中的一部分人会在后来根据所回答的问卷被挑选出来参加额外的一对一的采访。除开一些事实性和开放性的问题外，原始表单里包含了一系列"请参与者用1到6分的'打分表'来表达赞成或反对程度的反民主陈述"。第一轮问卷使用公然的偏见表述来测量反犹太主义（"犹太人对权力和金钱的掌控远远超出了犹太人在全世界人口占比所应有的标准"）、民族中心主义（"黑佬们只要不那么不负责任、懒惰或愚蠢就能解决很多他们的社会问题"），以及政治经济保守主义（"美国的一个根本传统就是个人必须保持自由，不受政府干扰，并自由而随心所欲地赚钱与花钱"）。根据这些结果以及随后的采访，阿多诺和他的同事们，组合了第二套用来量度潜在法西斯主义的言论集。这就是与众不同的"F量表"，比起典型的科学问卷读上去更像是布莱希特式的独白。其中一些条目包括：

> 尽管很多人会嘲笑这个观点，但是看着吧，占星学一定能解释很多东西。

> 而今太多人活得软弱不自然；我们应当回归到更本原的、热血的、积极的生活中去。

> 等我们解决完了德国人和日本人，我们就应该集中精力对付其他如老鼠、蛇以及细菌这样人类公敌。

> 熟悉是孕育蔑视的温床。

即使真的不会有什么，一个人也应当避免在公众场合做一些别人看来错误的事。

不能无条件地爱、感激以及尊敬父母的人都是可鄙的。

描述人们所想所感的小说和故事比那些主要内容就是动作、爱情以及冒险的作品要有趣得多。

同性恋是一种特别腐朽的犯罪行为，理应受到严惩。

068

大学太过于强调智力与理论的话题，而对于实际问题与生命的美德的重视不够。

不管他们表面上表现如何，男人对女人感兴趣的原因只有一个。

古希腊古罗马的性狂欢与当今国内发生的一些情形比起来简直是小儿科，甚至人们认为在最不可能的小圈子里都是如此。

践踏我们的荣誉，就必逃不出严惩。

有些事情过于亲密和私密，甚至连最亲的朋友都不能告知。

一个人干什么事不重要，只要他干得好就行。

人为财死、鸟为食亡，本性如此。

> 一个正常体面的人绝不会有伤害好朋友或亲戚的想法。

如上所示的指向隐晦的表述,在查明潜在的法西斯主义倾向上有多大作用,还有待商榷,尽管《权威性人格》中有数百页都专门为此而存在。在对受访者于这些表述作出反应的提取的统计学变量之中,包括了"传统主义"、"专制臣服主义"、"迷信刻板"以及"毁灭性与愤世嫉俗"。虽然阿多诺的发现在今天的社会学、心理学以及政治科学领域几乎无法立足,但在当时,《权威性人格》受到了相当的重视。特别是"F量表",被不少实验心理学家和社会学家采用,并在社会科学的保留曲目里悠然地存活到了1960年代。

这项研究在今天饱受批评,它公开的政治偏差也得以纠正。阿多诺和他的同事的出发点，在于假设了被法西斯意识吸引的人是病态的，且所有所思所想都经由那个负面价值判断的出发点流出。鉴于阿多诺对预设的刻板印象与"打卡机思维"的憎恶，这个假设本身就有足够的讽刺性。但是，还有一个如果阿多诺本人能够意识到就会称其为"辩证"的讽刺：如果像"F量表"这样的工具落入坏人之手，不是就能成为暴君的战车吗？阿多诺对专制主义的反专制主义研究，难道不会潜在地自我推动，以至于像建立专治法西斯时一样开始操纵个体吗？能够根据人格类型来分类公民，并判断哪类人会最易于接受某些政策，即使分类并不精确，这也显然不妨碍独裁者将其当作有力的工具。盖洛普轻易地给纳粹主义者和苏维埃主义者减掉不少分数，其中他关于"人为制造的一种明显的大多数"是独裁者军械库中的重要武器的观点，是正确的。现在没有证据表明，如果被法西斯国家采用像"F量表"这样的工具之后，不会酿成苦果。

  阿多诺在调查研究领域大胆而有瑕疵的实验，最终显示出提前预设问卷政治倾向是件多么困难的事。即使你提前知道了问题的答案，提问的过程中也会出现很多不经意的结果。一个激进的左派人士，可能会出于最好的意图，协助打造一个法西斯的控制工具；而一个社交保守的人，则能如我们下一章所展示的那样，缔造出一个女权自由主义机器。这就像是一个事物一旦流行起来，就会有其自主的思想，就像安徒生童话里的红舞鞋或者《指环王》中的至尊魔戒。如果"自发反应"的概念只是一种理想中的幻象，那么一个理论大师能从客体的陈述背后解析出真相的这个信念，无疑也是虚无的。最有可能的，大概是历史赋予他们一个他们从未预见到的意义。

第五章

潘多拉的清单

19世纪末20世纪初女性扫盲率跨越等级分化而骤然上升,而个人问卷调查的兴起与女性扫盲率的增长大致成平行趋势。我们知道,在维多利亚时代,女性经常被挑选去做问卷。高尔顿就曾经带着他的《家庭禀赋记录》(*Record of Family Faculties*)追在一些妈妈的身后。自白录的制作者把它们卖给了一些赋闲无事的女士们,是她们劝诱男人们参加了这项游戏。调查研究最开始也是以一项女性事业而开端的。许多社会福音运动的志愿推销人都是女性教区居民。美国公共舆论研究所经常雇用女性作为采访者。一方面因为可以少付给女性一些钱——盖洛普对补偿方面的吝啬是众所周知的——但另一方面也是因为女性普遍被认为更加擅长劝说犹豫不定的受访者参与采访。"我们的采访者几乎都是女性,"盖洛普1976年告诉《圣彼得堡时报》(*St. Petersburg Times*)的记者时说,"她们通常做得更好。她们更能遵从指示,人们更倾向于与女性进行交谈,而且女性工作起来更加勤勉认真。"

假设女性们能像男人那样提出一些敏感话题的话,那么估计受访者也更愿意回答这些问题。维多利亚时代关于女性自恋及健谈的刻板印象延续到20世纪,且被带入到多种环境之中,同时包括科学的和世俗的环境。尤其是家庭主妇,她们是中世纪商人们一直执著关注的目标,因为她们被认为是普通美国家庭的主要购买力。喜剧演员斯坦·弗雷伯格(Stan

Freberg）1960年在"脆谷乐"麦圈（Cheerios）的电视广告中讽刺了这些无孔不入的消费者调查。

> 家庭主妇：好吧，我曾经有很严重的头疼，就在太阳穴这里，之后我听说了"脆谷乐"麦圈，然后…
>
> 采访者：不，不，"脆谷乐"麦圈不是治疗头疼的药物。
>
> 家庭主妇：对不起，我以为你来自另一家公司呢！因为我接受了太多访问，我搞错了。
>
> 采访者：不，"脆谷乐"麦圈是一种谷物早餐。
>
> 家庭主妇［点头］：我的孩子们一直吃这个。

为什么这个时期有那么多针对女性的问题呢？其中可能的原因是在1920年的选举运动之后，又相继出现了由第二波和第三波女权主义者推动的解放运动，关于女性生活应有的行为规范——以在过去几个代际从未出现过的方式——在很长时间内仍悬而未定。"一个女人想要什么？"弗洛伊德（Freud）在1925年的报告中提出这个著名的问题。那些年，对女人究竟想要什么或者期望想要什么的疑惑非常多。这些问题涉及男性专家们——他们现有的对待或向女性推销的规范已经过时。同时这些问题也涉及女性自身——她们面对由女性主义所带来的全新的自由的反应，是混合着兴奋与恐惧的复杂情感。通过询问或者回答特定的问题，有一些恐惧得到了消解。例如，某诊断测验的结果，可以通过告知你属于哪种类型和你应该做什么，来重申一种男性权威。但是，兴奋也可以被引入到一种对于性别、婚姻和社会的全新的思考方式。那么，调查问卷可视为心理学控制的机制，也是自我反省的通道，是一种被称为"意识提升"（consciousness-raising）的20世纪70年代女性运动的工具。

起初，大家的关注重点在于不受约束的女性性活动会给社会带来的危险上。优生学家再次起到决定性作用，他们把调查问卷加进政治议程的服务项目之中。20世纪前期许多关于性别的讨论（跟今天一样）主要集中在婚姻和繁育，尤其是集中于对于女权主义可能分散或打消年轻女性成为妻子和母亲这种信念的担心上。优生学派的观点是：如果女性——尤其是白种人、上层或中上阶级的、其子女可能成为极聪明和社会有用人才的女性——拒绝结婚和生育，那么美国基因库将会被那些有较差种族血统的孩子所吞没并且逐渐恶化下去。这样的事态变化无异于"种族自杀",这是广泛流传于 20 世纪初优生学派圈子的一种说法。

关于"种族自杀"假设的提倡者中,最著名的是如今被人们所熟知的美国婚姻咨询之父,保罗·波普诺(Paul Popenoe)。波普诺早期从事农业研究,他的第一部出版作品是关于椰枣种植的。但是很快的他对培养人类产生了更大的兴趣。1918 年,他与匹兹堡大学的罗斯韦尔·希尔·约翰逊(Roswell Hill Johnson)教授合作编写了关于应用优生学的大学教材。1920 年代,他对加利福尼亚的强制绝育法进行了拓展研究,从而编写了一本标题不解自明的著作《为人类福祉而绝育》(*Sterilization for Human Betterment*)。(加利福尼亚成文法将为 1933 年被第三帝国通过的德国法中,关于预防后代遗传病的章节提供模板。波普诺公开称赞德国法并且也高度赞扬了希特勒的《我的奋斗》。

尽管波普诺从未真正的放弃过［科学种族主义］，但在第二次世界大战之后，他还是把自己对优生学派的坚持作了低调处理，因为当时公众对科学种族主义持反对态度。的确，即使在战争之前，他也已经开始更多的关注"积极的"——与"消极的"相对的——优生学：这种优生学鼓励"高等"人士结婚生育，而不是通过医学程序去消除或根除在生理上和心理上的低等者。1926 年，尽管波普诺出版了《维护家庭》（*The Conservation of the Family*）一书，此书竭力声称应当巩固——正在被女权主义、工业化和其他诸多现代的邪恶所威胁的——婚姻制度。"我开始意识到，如果我们想打造优良的人口，"他之后回忆道，"我们不仅需要找到合适的人去结婚，而且要维持婚姻。"成功的优生学不应只涉及生理这一小部分，同时也需要赢得人心和思想认同。

带着心中这份文明化的使命，波普诺1930年在加利福尼亚的帕萨迪纳成立了美国第一个婚姻诊所——美国家庭关系研究所（AIFR）。每一年都有数以千计的人们光临诊所——大多数是订婚和结婚的夫妇，但也有孩子、准父母和单身人士。他们按照要求做一些测试或者填写调查问卷。美国家庭关系研究所的最重要的测量手段，是罗斯韦尔·希尔·约翰逊（Roswell Hill Johnson）1941年特别为协会设计的是约翰逊气质分析（JTA）。约翰逊气质分析中有182个问题，并且将应答者分为九个相互对立的小组：紧张与冷静、抑郁与愉悦、活跃与安静、热情与冷漠、有同情心与冷血、主观与客观、逆反与顺从、批评与欣赏，以及自我、控制和冲动。（这个测试为后来的山达基教的牛津能力分析提供了模板：朱莉娅·路易斯仅仅替换了约翰逊理论中几个相对不同的种类,是约翰逊气质分析的改良版,被称作泰勒-约翰逊气质分析,并且仍通用于当今社会)。

约翰逊气质分析将心理特点估量为性格的内向与外向,但它主要研究的是社交的性别特征和解剖学性别特征的匹配程度。"生理性别与社会性别之间的特征具有相似的对应性,"历史学家亚历山德拉·斯特恩(Alexandra Stern)写道,"而[与规范的]的距离和偏离包涵了从轻微的、可以修正的社会性别扭曲到几乎致命的社会性别病态。"测试中关于男性与女性的性格特点的观点,是墨守成规的。男性的性格一般被认为是"活跃、大胆、好斗、稳定、自由、干练、世俗、理性、心胸宽广和勇敢的"。女性性格一般被认为是"谦虚、顺从、浪漫、忠诚、虔诚、有报复性、狠毒、心眼小以及易感情用事的。"女性来访者常被诊断为"男性式的抗议"（比如为了获得性别平等而富有攻击性）或者性冷淡（由热情-冷漠对立组的统计数据所决定的）。斯特恩表示，"约翰逊气质分析的统计假设和评估方法，允许男性相对于女性（常理上）可以有较多的偏离。"甚至约翰逊气质分析下的数学公式也有性别歧视性。

*

077 虽然美国家庭关系研究所是最早的临床治疗机构，它也从事研究工作。20世纪30至40年代间，该学会一直为记者提供关于"为什么婆婆/岳母总是爱管闲事"或者"在外工作的女性被夫妻浪漫关系宠坏了"等问题的线索。波普诺在20世纪中期曾短暂主编过一份报纸，并且天生就是做评论员的料。他特别善于迎合当时传统的性别歧视主义,与此同时不露声色地推出他自己较为极端的优生学观点。他在1934年的一个演讲中谈到,"女子本性像是拖延不完的童年时代。永久的女性化就是永久的幼稚"。这一言论在当时被广泛地支持且常被引用到报刊上。

尽管波普诺的许多言论中的厌女症倾向都非常明显,他的大多数读者却都是女性。波普诺名下两个长设的咨询专栏:1947年到1972年在多家报纸刊登的"现代婚姻"("Modern Marriage"),以及1953年首次刊登在《女士居家通讯》(*Ladies' Home Journal*)上,且一直沿用至今的"这段婚姻还有救吗?"("Can This Marriage Be Save?")不久其他的婚姻咨询专家们也发表了相似的专栏,这些专栏通常包含调研婚姻满意度的问卷和小测验。比如1948年1月在《女士居家通讯》上刊登的,克里福德·

亚当斯（Clifford R. Adams）的"解决婚姻问题"专栏之中，所列"问问自己：我的婚姻幸福吗"测试，就是由一些可以用"是与否"来回答的小问题：

078

你们两个对于某些事物有相同的习惯吗？

你对你的婚姻有特别不满意的地方吗？

你曾希望你从未结过婚吗？

你们很少会因为钱财的事产生误解吗？

你认为你们之间是否相爱且深爱彼此？

你是否在没有姻亲干扰的环境中生活？

你们在性方面上和谐吗？

关于孩子问题，你们意见一致的时候多吗？

你们可否彼此毫无保留的自由交谈？

你们有债务或者经济压力吗？

你认为你们的婚姻是成功的吗?

这份清单是在婚姻咨询鼎盛时期出现在报纸和女性杂志上数百份相似问卷中的一份,能够很好体现出这些模糊的理论是如何影响人们的。一方面,婚姻满足感是体现女性存在感的重要表征和最终目标。另一方面,这些问题几乎都涉及了丈夫们;鼓励女性们去主张得到基本的平权("你认为你们之间是否相爱且深爱彼此?")和坚守彼此尊重、互惠互利的底线("你们可否彼此毫无保留的自由的交谈吗?")。

在诸如此类的文件中,我们看到基于传统的婚姻咨询事业却意外地为女性解放做出了贡献。虽然波普诺及其他自成一派的婚姻学家的众多女性气质假说非常落后,他们还是助推社会发展,使女性能愈加自由地说出对婚姻及性的渴望与不满。历史学家莫莉·拉德-泰勒（Molly Ladd-Taylor）表示优生学旨在"使'正常'的女性想要生育更多的孩子……意味着我们需要安抚妻子们对于婚姻生活的不满。"而且美国家庭关系研究所所提供的咨询意见中的大部分，也都在鼓励丈夫们多多关心妻子需求和欲望。

那么，还需要考虑一个存在的事实，即无论什么文本的作者都无法控阅其读者使用文本的方式。1960 年，26 岁的琼·迪迪翁（Joan Didion）在《国民评论》（*National Review*）中对《解决婚姻问题》（"Making Marriage Work"）专栏发表了一个不那么真诚的正面评论，在其中指出了这些专栏的女性读者溢出出版商所考虑的目标读者群体范围的程度。"事实上，我的未婚状态并未成为我每月都填写《解决婚姻问题》专栏的测试的障碍。"在迪迪翁看来，这些专栏主要传达的信息是"男人是可以被控制的,这种控制术和婚姻小贴士,是所有女性杂志婚姻咨询的基础。"这虽不是对性别革命的一种呼吁,但其测试仍然神秘地赋予了女性受测者一种能动性;这与"永久的女性化就是永久的幼稚"一说大相径庭。

*

婚姻咨询犹如打开了女性欲望的潘多拉之盒,而问卷——准确来说,是小测验——很快成为了命名、列举和重组信息的最流行的小工具。我们迄今所知道的能辨认的最早版本的测验,出现于1960年代中期的《时尚》杂志上。1965年7月,海伦·格利·布朗(Helen Gurley Brown)成为了该杂志的第一位女主编。上任后她马上根据她在自己1962年的畅销书《性与单身女孩》(*Sex and the Single Girl*)中所描述的一种雄心勃勃的现代女性标准——即被她命名为"《时尚》女孩"(the Cosmo girl)的一种理想模型——来改革这本杂志。小测验在定义这一假想个体的过程中起到了重要作用。布朗的杂志中第一个可以归类为"《时尚》问答"(Cosmo quiz)的测试,是发表于1966年夏天的"你有多了解自己?"尽管这个测试仍然是由一位男性专家——即厄内斯特·狄克特博士(Dr. Ernest Dichter),他是一位以把弗洛伊德理论应用于消费文化而知名的维也纳心理学家——提出的,但其侧重点已经不再是婚姻调整,而在自我反省和自我认知。

测验很快地成为了《时尚》杂志的固有特征。典型的"《时尚》问答"测验将波普诺和亚当斯之类的婚姻咨询师的临床检查,与对于第二波女性主义浪潮来说至关重要的意识语言、实证性,和赋权相结合。名为《〈时尚〉杂志解忧手册》(*Cosopolitan* Hangup Handbook)的小集子出版于1971年,其中收录了六种"晴雨表"小测验,包含了多种"让你的一天过得美好或者郁闷的类型"。这六个"晴雨表"包括:"相信你"晴雨表(样本问题:"你因为安全考虑而拒绝一样好东西吗?"),"外遇"晴雨表("你仍在等他甩掉他的妻子吗?"),"床趣"晴雨表("你还在怕他知道你的性需求吗?"),"情感"晴雨表("你本周曾不止一次说过或者想过'这都是我的错'吗?"),"处理问题"晴雨表("你曾经花费过两个小时以上的时间来密谋一场报复吗?"),以及"解脱"晴雨表("当他认为你不够女性化的时候,你曾假装不知道或因为害怕而拒绝和他争吵吗?")这本书的腰封背面印有"周—月—季—年——生助你化解难题的晴雨表"字样,意在鼓励读者把它剪下来并"钉在……或……挂在你通常进行自我反省的地方。"此书最后介绍说："不要自毁……自我评估。祝你好运！"

《〈时尚〉杂志解忧手册》很清楚地展现了布朗是如何在其杂志中引入女性主义的线索的。当然，它必然要在某种程度上回应了那时的女权主义运动带来的挑战。以1964年对贝蒂·弗里丹（Betty Friedan）的《女性气质的神话》（*The Feminine Mystice*）的攻击为开端，女权主义把女性杂志作为攻击目标。在整个1960年代，对大众媒体呈现女性方式的激烈反对得到持续发展。1970年，由赛纳·哈默（Signe Hammer）和苏珊·布朗米勒（Susan Brownmiller）所带领的一个一百余人的女性主义激进分子团体，占领了《女士居家通讯》的办公室。她们提出的要求之一是，立即删去波普诺的"这段婚姻还有救吗？"（"Can This

Marriage Be Saved?")专栏。(杂志社作出让步,允许这个团体在1970年8月发行题为"这段婚姻应当被拯救吗?"的特别号;当然回答是坚决的"不"。)

同年晚些时候,布朗的办公室被文学研究者凯特·米莱特(Kate Millett)所领导的女权团体所占领;虽然布朗声称《时尚》杂志"已经是一份女权主义刊物"了,她还是同意与其他的《时尚》杂志的员工一起去参加唤起女权意识的讲座。"我们12个——我差点就说12个女孩,但她们说我必须停止那种说法,并把我们称为12个女人——坐在一起讲述我们的忧虑。"布朗回忆道,"坦白地说,我才刚刚谈到自己的第8个忧虑时,就不得不停止并将发言权交给下一位发言人。"

虽然布朗的语气多少有些玩笑的意味,《时尚》杂志接受了第二波女权主义带来的挑战。1970年11月——在女权主义团占领办公室后不久——他们发表了摘自米莱特（Kate Millett）的《性政治》（*Sexual Politics*）中的一长段摘录，批评了弗洛伊德的"阴茎嫉妒"理论[1]。之后，《〈时尚〉杂志解忧手册》又将女权主义抗议中使用的一些修辞收录其中。尽管布朗和《时尚》杂志的其他编辑，并没有像《女士居家杂志》一头雾水的男编辑约翰·麦克·卡特（John Mack Carter）那样困惑，但她们并未把这项运动看成是一场革命运动，而视为一种新型的自我救助。对于"《时尚》女孩"来说，女性主义更多地是一种"自我评估"的新视角，而非以为女性赢得法制政治上的权力为目的而进行社会结构改革的要求。"读这本书

---

[1] "阴茎嫉妒"理论，来自于弗洛伊德的精神分析理论。他认为女孩进入性器期后会因为发现自己没有男性的阴茎而感到自卑，甚至产生嫉妒。——编者注

时，请花一分钟想想你希望消除（或者至少能减轻一点）的忧虑，"《〈时尚〉杂志解忧手册》的"解放"部分的导言，奉劝读者道，"那些困扰你的某些'神经质'的症状是对于第二性的地位的正常反应……这样的'性别歧视主义'可以解释生活中的许多困扰，而且我们应当感谢《女性的解放》为女性分析问题的锦囊提供了合情合理的补充。"

如上所言，某些类似于神经质和"忧虑"的事物，实际上是对于一个不公正社会的最正常不过的反应。但是在《时尚》杂志对于女权主义仅仅是"为女性分析问题的锦囊提供合情合理的补充"这一法的坚持中，也有几分灭自己志气的意味：意即出现了一种新的需要忧虑的东西，或者是一种新的忧虑的方式，即使这种忧虑马上就可以得到缓解释放。更不要说，分析问题这一事实的存在，意味着倒回到以前以更好、更强的婚姻为目标的实证主义优生学的路子上去，而非导向社会或制度性的改革——"那么，怀着这种心情继续阅读……作为同性别的姐妹中的一员，而不是一个任性敌人的同谋者，"编辑们这样指导这些对于解放充满好奇的"《时尚》女孩"们，"这些革命性的想法可能意味着你和你的男人会更加幸福！"

"《时尚》问答"所做的是将婚姻测试显而易见的力量与意识唤醒讲座里的让人感觉良好的女权主义结合起来。关于自白录——在很多方面与"《时尚》问答"相似的一种表格——其目的是对个体特征进行细致入微的检查。没完没了的自我测试，其中混合了作为科学事业的婚姻咨询和消磨无聊时光的女性杂志测验。波普诺和布朗二人都希望女性能够深入地思考一下她们是谁以及她们想要什么；尽管前者目的是管理和压制她们难以自控的欲望，而后者至少还在口头上对理想中的自由和自主作出承诺。

但是如果说"《时尚》问答"是女权主义的一种工具的话，它也并不是理想的工具，因为它主要用于商业目的而不是政治目的。（正如奥德瑞·洛德［Audre Lorde］所述，"主人的工具永远拆不了主人的房屋"，也许对于主人的测试也是如此？）"毫无疑问，"评论家苏珊·道格拉斯（Susan J. Douglas）写到，"这些杂志强调自我审视——这对化妆品，服装和消遣品销售十分重要——它们同时夸大了心理上的'分裂'感，我们性格上某些不太融洽的部分被放大了，好像分裂成了一块块细小的马赛克。"她认为这些小测试"含有极大的后患，它们总是直接地、亲密地用'你、你们'来称呼我们，就好像测试是专门为我们每个人个性化定制的一样。它们问我们许多私人问题,并且让我们坦白——当然这些是在私下里进行的,而且我们坦白的对象也是一个善解人意的、不会把我们的信息告诉任何人的倾听者。而且他们承诺,只要我们拿起铅笔、开始勾选答案,我们就能增强对自我的认识。"

正如道格拉斯所说,女性杂志测试——与之前的自白录类似,而不同于美国家庭关系研究所所附录的"气质分析"——是一种亲密的表格形式。它通过使用第二人称、直接称呼你,以及"请你坦白回答问题"等方式,营造了一种姐妹情谊般的亲近感。但是,表格中有些东西也具有欺骗性甚至可谓残酷:它能够使你的坦率伤害到自己,或者是利用测试向你销售产品。它们向读者承诺,但是又很快背叛了读者。这种情况屡屡发生,每月重演。

参与一次心理测试意味着把信任交付科学（或是某些情况下的伪科学）；而做小问答意味着把信任交付给无所不知、亲切友善的杂志编辑。这两者都涉及一种类似宗教的信仰。这是一种基于亲密度的信仰，即使信仰的基础并无动摇，它也会逐渐变得居高临下。这种信仰对于打造一批热情高涨的基于小问答、人格测试、纯洁性测试，以及其他种种问卷形式的表格而形成的在线粉丝，至关重要。即使你不与任何人分享你的答案，你也已经放弃了自我中的一部分，而把它交付给更高一层的权威：你已经坦白了。

　　人格测试的流行很有可能大大削弱了其科学性地位——据我们所知，到 1960 年代末期，人格测试的科学声望已经非常低了。但这个通俗化的过程，引起了另一个类似于高尔顿在 1870 年代所引起的转折。它允许问卷富有趣味性，由此从一切对于准确性的要求中得到解放。除此以外，"《时尚》问答"还带来了另一个影响：它使婚姻咨询问卷从一个类似于妻子职责的繁重工作，变成了一桩让妻子得到自我满足的、带有罪恶的欢愉的美事。如果人格测试依旧归属于科学的大伞之下，那么它们永远也不会像今天这样获得如此大范围的受众的喜爱。就像是在维多利亚时代，女性劝诱着男性填写自白录一样；如今，女性杂志——对于许多人，尤其是许多男人而言，代表了可悲的、一次性的流行文化产品——对于人格测试的使用，使得它们能够被所有人乐于接受。这一范式转移所造成的影响，在数十年之后才清晰起来。但是，在45年后的今天——在我们所处的互联网时代——这个影响的存在已经毋庸置疑了。《时尚》杂志教会了我们——这里的我们，首先是女性，然后是男性——带着一种快乐与焦虑相交织的特殊情感,情不自禁地参与测试。但是,为了追踪记录我们的答案,我们需要另外一样东西:电脑。

第六章

交友与数据

电脑交友服务在众多问卷形式中可能是回应率最高的了。自高尔顿的时代起,在作者想问的和人们想回答的问题之间就有一道鸿沟存在于问卷调查中。设计问题的人对政治意见、消费喜好、医疗或者心理健康等方面最感兴趣,然而大多数人认为这些问题多少有些私密、枯燥且令人反感。但是当问到爱情时,就会大不一样,没有什么问题是过于私人、乏味或离题千里的。

如果你想统计一下四大交友网站——OkCupid、Chemistry.com、Match.com 及 eHarmony——的

用户数量，你会发现用户数以千万计。这些网站都是利用问卷的形式来构建他们的信息库。数年来，电脑交友服务数据分类的软件发展迅速且愈加精确，能够以早期电脑学家想象不到的速度加权变量和识别统计模式。但是自1950年代电脑交友方式出现以后，在必要的信息投入上没有变化多少。Match.com、eHarmony和OkCupid等网站的所有算法，都以个性化问题为稳定基础。

保罗·波普诺是电脑交友事业的先驱者。作为一位知名的婚姻咨询师，他和计算机科学家们在雷明顿兰德公司（Remington Rand），合作研发出世界上第一款网上交友程序。这个程序看起来主要是促进UNIVAC发展的一个噱头——UNIVAC是一种强大的主机，曾经被用作处理人口普查数据，并且准确地预测了1952的总统选举结果。（盖洛普一定不寒而栗。）雷明顿兰德公司委托波普诺编写的,含有 32 个问题的调查问卷,用来帮助单身男女寻找一个忠诚坚定的伴侣。这些问题包括"你更喜欢两张单人床还是双人床?""你喜欢抽烟或者喝酒吗?"这个问卷被发放给 4000 多人,他们的答案被编进穿孔的卡片上,然后被放进 UNIVAC 主机里面,以便找到符合条件的应答者。

1956 年 11 月,波普诺携 UNIVAC 机出现在阿特·林克莱特(Art Linkletter)的《滑稽人物》(*People are funny*)电视节目中,向世界揭示了这项重要的实验。"随着灯光闪闪和数字变化,以及单调的旋律播放结束,这个强大的电子大脑在上周接管了电视。"《时代周刊》(*Times*)报道说。UNIVAC 最早配对的伴侣("约翰·凯兰,28 岁,洛杉矶的广告商人;和咖色眼睛,美丽的芭芭拉·史密斯,23 岁,一个接待员")在直播中第一次被介绍认识。节目在之后的几个星期一直关注着他们的求爱过程，最后激动地宣布他们配对成功了。约翰和芭芭拉虽然最终没有走到一起，但是林克莱特仍然继续尝试。他甚至邀请了催眠师帮助 UNIVAC 的伴侣们进入状态。最终，电脑成功地将罗伯特·卡戴尔和雪莉·肖德斯配对成功，并且两人在媒体的热烈关注中最终于 1958 年结婚。《葛底斯堡时报》（*Gettysburg Times*）报道说，"这是第一场电子恋爱"。

有了这项技术之后，电脑交友一下子流行了起来。科学介绍服务公司（Scientific Introduction Service）和项目科技自动兼容性测试公司（Project Technical Automated Compatibility Testing, TACT）这两个纽约的公司是该领域的先驱者。到 1960 年代后期，名为 Intramatics, Human Inventory、Date Mate、Select-A-Date 及 Duo Date Processing 的其他竞争者也加入该领

域。1966年《展望周刊》(*Look*)发表了一篇题为《男孩……女孩……电脑》的专题故事,吉恩·沙利特(Gene Shalit)对 Operation Match——一个由3位哈佛学生在1965年发起的"将大学情侣与磁带联系起来的Dig-it交友系统"——作了报道。为了坚持其大学特色并适应变化的时代,Operation Match上的问题,比波普诺的更流俗一些,其中包括"性活动是为结婚作准备吗,即是'成长'的一部分吗?"和"你相信上帝会回应祈祷者吗?"

当然,自由的电脑交友系统与波普诺的积极优生学之间的联系,不仅仅存在于方法论层面。当今美国主要的交友网站里,与波普诺的哲学最相近的,是eHarmony。这个网站于2000年由波普诺家乡帕萨迪纳的一个基督教婚姻咨询师——尼尔·克拉克·沃伦(Neil Clark Warren)——创建。沃伦早年间与《关注家庭》(*Focus on the Family*) 的詹姆斯·多布森 (James Dobson) 有联系,后者在1970年代介绍他到美国家庭关系研究所做波普诺的助手。保守主义在 eHarmony 的用户界面上体现明显:这个网站自动拒绝以下人群:自称已婚的;曾经结婚四次以上的(小于60岁的用户);以及在其自制的"精神抑郁量表"中得分较低、意味着有严重抑郁症的用户。这个网站只负责匹配异性恋情侣,表面上看是因为它对于人类能力的研究范围,还没有拓展到同性恋文化领域。(2009年,作为对一起歧视诉讼的回应,该公司创立了一项被称作"兼容性伴侣"的同性交友网站。)

其他的交友网站的氛围没有如此的清教主义,但仍然以类似于波普诺鼎盛时期的方式自鸣得意于自己的科学性。以与人类学家海伦·费舍(Helen Fisher)合作创建的 Chemistry. com

为例。费舍在脑部功能磁共振成像和民族志研究的基础上,宣称存在"四种生物学意义上的人格类型":"探索者"、"建设者"、"指导者",及"协商者"。你归属于哪一种类型取决于你体内化学元素的组合:探索者体内富含多巴胺,建设者富含血清素,指导者富含睾丸素,而协商者富含雌激素。费舍与心理学家乔纳森·里奇(Jonathan Rich)和海德·艾兰(Heide Island)一起设计了问卷,用来决定用户的人格类型,并为他们找到相匹配的伴侣。这一过程涉及相当复杂的对于匹配伴侣相互之间欲望的计算:"探索者会被其他的探索者吸引……建设者也容易轻信于同类。然而指导者却会被协商者吸引。而协商者也会对指导者一见倾心。"不同于 eHarmony 主要依赖于基本的个人简历式的信息,以及那种"来认识我吧"之类的会在最初的几次约会中涉及的问题,

Chemistry.com 擅长的是标榜自己所拥有的深奥的人格类型知识。你注册后被问到的第一个问题，会是"下面哪一幅图像与你的右手最为相像？"其他的视觉导向的条目，还包括"如果你被困在一个无聊的会议或飞机场中，你的涂鸦会是什么样的呢？"，以及一个根据"在墙的另一边一定有什么好玩的东西"的陈述打分的意见量表式的问题。

所有的电脑交友程序基于一种类似优生学的前提：潜在伴侣的合适程度可以被客观决定，从而可以把"不合适的"的性伴侣筛选出局。虽然并未受波普诺和高尔顿的种族理论的影响，电脑交友程序设计者们接受了他们关于人类素质是可以被量化，并且一旦相关数据被收集和联系起来，就能驱动一套更好的社会秩序的理论。在这些网站，"每个人在这个世界上都会有一位灵魂伴侣"之类的多愁善感的浪漫想法，与冷静的对于万事万物都可以被精确测量的科学信仰相伴存在。如果每个人都有一位灵魂伴侣，那么为什么不实用高级算法的处理能力来找出这位命中注定呢？

*

交友网站的核心功能是基于录入信息的匹配。但这并不能概括他们的全部功能。最成功的网站会滋生出属于自己的亚文化，并在各式各样原有的约会活动的基础上创造新的社交类型。Chemistry.com 鼓励人们把自己想象成协商者或者建设者，就像迈尔斯-布里格斯类型指标鼓励人们把自己归类为 ENTJ 一样。这样一来，这些交友网站所提供的就不再仅仅是一幅浪漫的世界地图：对于很多人来说，这就成为了他们自己的领地。

此外，大家越来越清楚地认识到，社交网

站对用户的私人资料的使用远不止建立用户这么简单。OkCupid就是一个极好的例子。虽然它在为数众多的交友网站里远不是最成功的,但OkCupid也许对当代网络文化的大环境有着最深远的影响。OkCupid所在的公司源于The Spark,一个成立于1990年代后期专为高中大学里的学生提供学习指南的新创公司。就像Operation Match一样,The Spark也是由原哈佛的本科生所创建。虽然他们的事业从始至终都是严肃而盈利的,但The Spark上的文章大多是由创意主管克里斯汀·鲁德尔(Christian Rudder)所编写、带有几分《哈佛妙文》(*Harvard Lampoon*)或《麦克斯文学杂志》(*McSweeney*)式的讽刺和戏谑意味。

Spark.com 2001年版的"关于我们"的主页,在今天依旧可以在网络文库搜索到,它看起来就像是对科技企业行话的一次最无厘头的戏仿。在"挺好的隐私政策"的标题下写着:"为了保证我们用户的安全,我们就将所有数据包加密得像饶舌音乐一样。"在"激发企业文化"的标题下写着:"暴力文化我们爱,打架斗殴是常态,烂泥扶不上墙,脓汁来滋养,不茁壮来不成长……爱学习的请你离开火花网(Spark.com)。"

在为衣食父母们提供学习指南的同时,Spark.com同时推出了一些搞怪的性格测试问卷——以迈尔斯-布里格斯类型指标和数十年间在各种青壮年书呆子之间流传的"纯洁度测试"为模型的产物。其中一些测试标题包括"人格测试"、"荡妇测试"、"混蛋测试"、"蠢驴快答",以及"死亡测试"。网站也推出了电脑交友程序的两个早期尝试,"皮条客丘比特"以及"火花配对"("创立他们的基础是网络所给予的理想媒介,在里面,人们可以自由地挥舞着自己的生殖器相互摩擦")。

  这些功能没有一个能持续下来，但是他们却为后来的成功奠定了基础：Spark 的创始人于 2007 年创建了 OkCupid。OkCupid 保持了 Spark 的轻佻风格，但在数据分析上下足了功夫；《戏潮儿》（*OkTrends*），一个由鲁德尔（Christian Rudder）撰写的娱乐性推文博客，就是 OkCupid 最受欢迎的专栏。经由 OkCupid 员工编写的性格测试问题与曾经在 Spark 上大热的测试相似，不过测试也鼓励用户发布他们自己的问题，从而让其他用户来回答，这样网站的算法能够通过分析这些数据以提供更好的匹配。

  所有这一切都有一种巴纳姆式[1]叫卖的味

---

1 巴纳姆效应，见本书第二章相关内容。——编者注

道。"OkCupid开了家'客厅游戏'商场,然后发展出为顾客们配对的业务,"尼克·鲍姆加登(Nick Paumgarten)于2011年在《纽约客》(*New Yorker*)上为网站创始人写资料时这么写道,"测试本身不能用以配对……他们仅仅是诱饵——就像是搭讪语或者是聚拢型内衣。"然而诱饵型测试和数据收集型测试的界限实际并不明晰。OkCupid非常精明的一点在于,人们很难分辨出哪些问题是愚蠢的可以置之不理的,哪些又会贡献决定性的统计数据。很明显,有助判断的信号的周遭,有许多被精心设计出来的杂音。与eHarmony真诚的、全部是有事说事的问卷不同,OkCupid会在问卷中混杂很多琐碎的问题,如"拼写错误会让你困扰吗?"或是"你的卧室里有电视吗?"像对待"荡妇测试"一样,无所谓地回答这些问题是很自然的反应。但是在OkCupid,即使回答最可笑的问题,都会导致统计层面上的结果。数据就是数据,累积到足量时,一些行为模式就不可避免地被拟合了出来。如鲍姆加登所指出的那样,"有些问题有着不易察觉的预测性";举例而言,"你对'你喜欢啤酒的味道吗?'这个问题的回答,相较于对'你愿意在第一次约会时发生关系吗?'的回答更具有预测性"。OkCupid比绝大多数的交友网站都更注重于营造一个轻松的环境。当总体氛围非常放松不受约束的时候,你会更愿意在网站里多逛逛并一个接一个地回答问题。这样看来就不像是在婚姻咨询机构的采访,而更像是兄弟会派对上的闲谈,并且每个问题都有可能是一个潜在的勾搭机会,或者根本不代表什么。再这么过一会儿,回答这些问题就开始感觉像是为了回答问题本身:这不再简单地是为了找寻伴侣必经的一步,这也是一个人自娱自乐打发时间的绝好方式。

当时的OkCupid也许并不是最擅长于撮合匹配的男女，然后让他们从此双宿双飞；但是在引导它的用户回答大量私人问题这一点上，OkCupid无疑是最优秀的——所得的数据远远多于1950年代最有野心的社会科学家最为狂野的想象。这些原始数据被用来匹配OkCupid的用户，而同时也被出售给（如鲍姆加登2011年报道的一样）学术社会科学家，以及可能其他的第三方。最后最具争议的是，它们也被OkCupid自己使用于各种实验、分析以及A/B测试，其中大多数都与公司作为交友网站的核心身份无甚关联。

特别是在近几年，OkCupid在数据上的胡作非为，引起很多道德层面的争议。2014年7月，鲁德尔——他虽然不再参与日常运营，但依旧是公司实质上的公众形象代表——重新使用了沉寂已久的《戏潮儿》博客发表了一个题为《我们拿人类做实验！》（"We Experiment on Humman Beings!"）的帖子。其中，他描述了OkCupid数年来进行的多项实验：暂时地将用户资料中的图片删除，暂时地删除资料里的文字内容，以及故意地将低匹配值的两个人进行组合。"我们最近注意到，人们不太喜欢脸书拿他们的新闻推送做'实验'，"鲁德尔写道。（这里指的是脸书被揭露试图操控用户情绪在网上造成巨大轰动一事）。"大伙儿猜怎么着？听好啦：如果你在使用网络，你每时每刻都是数百种实验的小白鼠。这就是网页的工作原理。"

鲁德尔的帖子所使用的亲密口吻（"大伙儿猜怎么着"）是非常让人放松警惕的。就像所有好的修辞手法，它在好几个不同的层面操控受众，首先用超级恶人式的标题（看看那个巨大的感叹号）来煽动读者受迫害妄想的情绪，然后几乎就在同时用他的第一段话消弭了任何看起来险恶的用意："OkCupid 其实真的不知道自己在干嘛，"鲁德尔耸了耸肩，"其他网站也并无二致。这并不是一个蓄谋已久的事，你也不会在那儿找到什么邪恶计划。有的绝大多数都是馊点子，就算有些是好点子它们也尚需琢磨。做实验就是让你理清这些思路的方式。"

《我们拿人类做实验！》一文自然地成为社交媒体与左倾媒体口诛笔伐的对象，但这整件事似乎更像是鲁德尔为其数月后出版的书——《数据灾难：我们是谁（当我们以为没有人在看的时候）》（*Dataclysm*: *Who We Are* [*When We Think No One's Looking*]）——造势而精心策划的挑衅行为。

鲁德尔在该书中最先提出的议题，带有几

分讽刺意味地与Spark网站2001年的主要任务陈述十分相似："现在你们已经知道了关于大数据的很多东西：广阔的潜力，多种多样的后果，后浪推前浪的范式为人类极其钟爱的互联网作出预示"。但是在这之后，鲁德尔主要回避了科技公司是否在收集个人信息方面做得太过火这个问题，转而吹捧自己的巨大的数据集。"我们不再需要向人们询问问题或进行小规模的实验，这些事社会学家们以前都做过了，现在我可以直接地看到，举例说，10万白人男性和10万黑人女性私下接触时的具体细节，"他写道，"你用或不用，数据就在服务器上，不来不去。这是一次前所未有的社会学研究机会。"他吹嘘道他"可以将人与人之间的互动数据组成数据集，这个数据集的深度与广度将远超其他任何人的研究成果，并可以以此将同时代绝大多数——如果不是所有的——重要的网络数据源扫下台面";它"所包含的研究对象相较于盖洛普和皮尤的调查所收集的数据多出千倍。"

当然,其资料被收录进数据集里的人没有一位同意作为研究的一部分,他们也没有签署作为社会科学合法研究人类对象时,所需要签署的知情同意书。但是鲁德尔清楚表明他的公司一直以来都不关心用户的隐私问题。在其他的"实验"中,他还描述了 OkCupid 私人信息库的数据挖掘,其中谈论说"外界的研究人员几乎不可能接触到这样私密的信息——这可是来自用户的最敏感的内容,就算是匿名和整合过后,也极难被允许调出数据库中的圣地。但我在 OkCupid 独特的地位给了我特殊的权限。"他也从不试图掩饰公司通过贩卖用户私人数据而盈利的事实:"作为一个广告商赞助网站的创始人,我可以确认数据对于销售是很有用的。每一个网页上的页面都能吸收一个用户的所有体验——他点击了哪里,他输入了什么,甚至他在哪个页面呆了多久——那么描绘出他有怎样的口味以及如何满足他,就不是一件难事。"

《数据灾难》是一本奇怪的书,但却非常符合我们而今的文化现状:一边是身价百万的企业家的自我吹捧的回忆录,一边是带有先进政治理念的业余社会学研究。鲁德尔在书中运用了大量篇幅,来论证种族主义在美国社会乃至那些自诩的自由人士中是"系统且扩散"的:"公开的种族主义者已不被社会舆论所接受……但是种族主义思想依然暗含于我们做出的很多决策中。"(在他对此的统计型证据里包括 OkCupid 中相对不受欢迎的黑人女性用户,以及 2008 年 2 月巴拉克·奥巴马(Barack Obama)竞选之夜时,谷歌搜索结果中"黑鬼"一词词频突然激增一事)。他也在文中颇具争议性地指出,评估与评价的行为延伸到了网络活动里的方方面面。"公司、学校、军队,他们早就在使用如迈尔斯-布里格斯类型指标和斯坦福-比内一类的测试,"他写道,"你乖乖坐下,尽力表现,他们则负责将你分类。大多数情况下,你还是能通过的。但是愈加成为事实的是,你只要活着,就一直在做这些测试。"

《数据灾难》中最重要的并不是鲁德尔的发现——因为它们既不能挑战常识,也不在科学层面上有足够的说服力——而是这些发现所反映出的巨大的信息不对称。在 OkCupid 里,鲁德尔与他的同僚们建立起了技术专家加仑·拉尼尔(Jaron Lanier)所谓的"警报服务器"——一个强大的计算机网络,并拥有一些特定类型的数据(在这个例子里,这种数据指的是关于约会偏好等私人问题的答案)以及专门的分类算法来使数据有意义。所有对这些数据的挖掘行为,使得OkCupid最大限度地利用了这些数据,并以此支持公司在市场上走向成功。如拉尼尔所指出的,成就一个"警报服务器"最关键的地方在于首创,或者至少是相对早地出现在公众视野里,因为一旦服务器收集了足够多的用户数据从而蜕变成一个有用的资源时,强大的"网络效应"就会起效果,从而吸引更多的用户。使用OkCupid的人越多,网站就变得更好:不仅仅因为其提供了更多潜在的匹配机会(这一点实际上可能还是负面的,特别是如果加入的用户在网站的标准看来是"不被需要的"),还因为其引入了更多的数据以供网站的算法进行消化与学习。

让我们暂时先把类似于OkCupid的科技公司决定如何使用他们用户私人信息的伦理讨论放

在一边——我们很快会再回到这个问题上面来——我们现在来关注一下这一数据攫取流程中出现的诡异的副产品：一些问卷的回答在早几代如贝伦特·福勒以及沃尔特·米切尔的观点中应该是被扔进废纸篓的——而在大数据时代，仅仅因为可以在更大的范畴内进行收集与分析，这些数据在科学层面又具有了使用价值。虽然在 OkCupid 上输入一项答案，也许不及心理学测试的平均结果更具有效性，但是事实上网站能让数百万人来回答这数百个问题，这样就能轻易地将问题的答案与答题人的基本履历如年龄、性别以及所在位置相关联，从而使数据具有了全新的分析价值。如鲁德尔所述，OkCupid 一类的网站所收集的数据集，"包括的调查对象数千倍于"具有最强大的资金资助的公共意见调查。考虑到问卷发散的规模，以及由必要的处理能力所支持的算法的分析速度，那么在整体数据中找出一些有确定性的结果，并从其中提取出某些有意义的结论就是相对简单的事了。而在这样的情况下，某个特定回答的"质量"就不如所有回答的"数量"来的重要了。

如果接受了这一类如 OkCupid 向它的用户进行的惯例"科学"实验，就意味着放弃临床模式的问卷研究，而转向一个由数据推动的模式。对于 1950 年代的科学家来说，工具的有效性和结果的准确度是至关重要的；正是对于最后结果的不精确的批评，成就了包括福勒和米切尔在内的批评家的声名。但对于鲁德尔这种自封的"数据科学家"而言，最重要的是拥有巨大的计算能力和将大数据迅速整合的能力。如果数据里有任何行为模式，计算机总会将其找出；数据集里的噪点，在"警报服务器"侦测符号的能力面前，只是小菜一碟。很多的关联会是谬误的,但企业的规模如此,有价值的信息终将浮出水面。

在这场游戏中,企业的执行官比学者们占据了更有利的位置来出招并取得胜利。那么我们可以毫无意外地看到,数据科学的兴起撼动了公认的学院科学家们与科技巨头公司之间的等级关系。如果社会科学家需要去 OkCupid 或者"脸书"获取他们的数据,那么他们所掌握的这些数据的质量——以及潜在的可以从事哪些研究的政策性议题的质量——就会直线下降。"警报服务器"的所有者掌握了所有的关键牌。对于问卷调查的分析者来说,这是最好的时代,也是最坏的时代:神圣的地方终于触手可及,但那里有一个商人,在把守着大门。

第七章

测试狂热

我非常幸运。我应当成为作家。我应当生活在波兰。我应当去斯坦福大学读书。我属于1980年代。如果我是一只狗,我应当是拉布拉多。如果我是一个亿万富翁,我应当是乔治·索罗斯(George Soros)。如果我是一位哲学家,我应当是卡尔·马克思(Karl Marx)。如果我是一位朋克明星,我应当是帕蒂·史密斯(Patti Smith)。跟圣犹大(Saint Jude)一样,我狂热、心善,又泰然自若。如果我是一个元素,我应当是碳。如果我是《辛普森一家》中的一个人物,我应当是那根没有生命的碳棒。如果我是一种字体,那我会是 Futura 体。如果我是一种设计美学,那我会是大学宿舍之外的任何一种美学。与我的人格最为匹配的食物是意大利面加肉丸子。我在中世纪的职业会是巫医。如果我是大卫·鲍伊(David Bowie),那我会是今天的鲍伊。如果我是鬼,我会是个鬼影光球(Orb)。

那么你是什么呢?如果你在过去的两年里登录过脸书,你几乎百分之百见到过类似的诡异的表述,而与之相伴的,是一个希望你也去探索并分享你自己的身份的邀请:"你是_____?"这些测试中的大多数都是由 BuzzFeed——一个由新媒体新贵乔纳·佩雷蒂(Jonah Peretti)在 2006 年成立于曼哈顿的公司——所打造的;尽管 BuzzFeed 在在线测试行业内部有不少竞争对手,它在原始数据和文化影响方面都仍旧是佼佼者。

比较典型的 BuzzFeed 的形式极其简单。你会被询问一系列问题（通常是 9 个或 10 个），每一个问题下面列出由彩色图片——通常是从类似于 Photobucket[1] 或是 Reddit[2] 一类的公开信息平台上找来的图片——组成的多选项。（少数稍有不同的形式把一系列多选项替换成可选清单列表。）有些测试与每一个成年人都关心的自主权有关："你实际上应当住在哪一座城市呢？""你实际上应当做什么职业呢？""你对于自己的傀儡属性了解多少呢？""你是惠特·史蒂曼电影人物中的谁呢？"许多问题涉及身份政治——就像《时尚》杂志中的"解放"测试——内含一种唤起意识的使命："你有多么幸

---

1 Photobucket 是美国一个影像寄存、视频寄存、幻灯片制作与照片分享的网站。——编者注
2 Reddit 是美国一个娱乐、社交及新闻网站，集中提供各种网络新鲜、热点事件。——编者注

运呢?""你有多么符合白人的固有形象呢?"其他的问题则是狂欢节猜谜游戏的电子版本:"我们能够通过你的电子产品偏好来猜测你的年龄吗?""我们能够根据你最喜爱的身体乳来猜测你的星座吗?"有些测试检测的是知识储备,通常是与流行文化相关的;其他的则是关于新闻或时事的,尽管这些试图与时效性相挂钩的努力,通常还是符合问卷的趣味(采访一下:"你会是阿拉伯之春运动中被驱逐的统治者中的哪一位呢?")在 BuzzFeed 的测试中还有一部分被称之为"品牌内容"的一类,意即这些问题是由 BuzzFeed 的合作者——广告商——设计出来用以推销特定产品的。比如"你是敢死队中的哪一名成员?"该测试与电影《敢死队3》的上映紧密相关。而"你是哪一种芭比娃娃?"的问题则是由美泰尔(Mattel)公司设计的。

这样说来，要想找出与在BuzzFeed的测试不相符合的问题，还真是有点困难。的确，测试的吸引力从某种程度上来说，起源于其兼容并包的特点——从白人霸权到泽恩·马利克（Zayn Malik）阴暗的推特发文，无论内容多么沉重或琐碎，在BuzzFeed总能找到与问题相匹配的形式来进行设计。

BuzzFeed最为流行的一批测试是颇具野心的：这些测试构想了一个更为符合你目前所处的环境的你。到2015年12月为止，打破访问量纪录的头三个问题是"你实际上应当属于哪个州？"（访问量是42008598）"你实际上应当住在哪个城市？"（访问量20961344）和"你实际上应当做什么工作？"（访问量是18778836）这三个问题共同使用的修饰性副词——"实际上"——给受访者们造成了这样一种印象：他们现在所生活于其中的一切都并不真实。"你实际上应当住在哪个城市?"这一问题的副标题是——"仅仅是因为你出生在某个地方并不意味着你就属于那里"。这些测验并没有告诉你多少与你是谁相关的信息,而是告诉你——你应当是谁。地理位置不是命定的;现实不是真实的;"归属感"是一种可以通过在电脑屏幕上点击某个按键,并随之把自己投射进那个想象的社区的温暖之中而得到满足的渴望的形式。通过参与这些测试,你感觉到——不管这感觉有多么模糊——你本应当过的生活会带给你的兴奋与满足,你还能感觉到你在想象其他人给你提供的答案中包含了各种可能性。

这时你可能想反驳我的观点:没有人在正儿八经地参与测试!泛泛地说,这话没错。BuzzFeed 很明确地把这些测试作为娱乐——而不是科学——项目来推出,而且许多人在把自己的测试结果发送到脸书或是推特之类的社交媒体时，都会加上一个轻松的否定式的按语：我不觉得这结果对，我觉得这真傻，真不敢相信我把本该用来工作的时间浪费在这操蛋的问卷上。

当然，从商业角度来说，我们是不是正儿八经地参与 BuzzFeed 的测试影响不大；重要的是我们的确做了测试。2014 年的前几个月是在线测试的鼎盛时期，那时候"脸书"对原创与转载组合的算法，使得一些帖子的浏览量能达到八位数之多。虽然在那之后参与测试的人数有所下降，但在线测试仍然是 BuzzFeed 一个持续性的浏览量增加的助力器。现在这个网站每天要发布 18 个测试。跟维多利亚时代的自白录一样，BuzzFeed 的在线测试所遭遇的，也是真诚接受与恶意蔑视并存：至少，从我的脸书页面的推送信息来看，恶意测试好似已经成为一个与恶意观看一样流行的当代消费模式了。但是，不管你感觉有趣还是可恶，BuzzFeed都能得到点击量，而且它可以一路笑到迎来下一轮的风投机会。

*

测试只是BuzzFeed通过时代精神来赚钱的技能之一。该网站的创始人和董事长——乔纳·佩雷蒂（Jonah Peretti）——通过发掘科技、媒体和资本主义的交叉领域而打造了自己的事业版图。在1990年代早期，佩雷蒂在加州大学圣克鲁斯分校上本科，专业是环境研究，同时也选修了该校大名鼎鼎的开创性的意识史项目所开设的课程。"我所在的大学系统——正好是在90年代——崇尚后现代的批评理论，"2014年佩雷蒂这样告诉记者费利克斯·萨蒙（Felix Salmon）。"当时有这样一种观点,即证明你理解了某件事物的最好的方式,就是写出来一些令人费解的东西。"1996年,佩雷蒂从大学毕业,他在在线期刊《否认》(*Negations*)上发表了一篇——实际上相当好理解的——文章,题为《资本主义与精神分裂:当代视觉文化和身份建构/瓦解的加速》("Capitalism and Schizophrenia: Contemporary Visual Culture and the Acceleration of Identity Formation/Dissolution")。"我主要的观点是,晚期资本主义不仅加速了资本的流动,而且加速了主体建构身份的速度,"佩雷蒂写道,"身份的形成是与消费冲动密不可分的,因此资本主义的加速使得个体建构和解构身份的过程加速成为必然。"

佩雷蒂的这篇文章,由他为一门意识史课程所写的学期论文发展而来,其中大量引用了包括德勒兹(Gilles Louis René Deleuze)、葛塔里(Félix Guattari)、詹明信(Fredric Jameson)、巴特勒(Judith Butler)和拉康(Jacques-Marie-émile Lacan)在内的后现代主义理论家的著作。但他的基本观点与苏珊·道格拉斯(Susan Douglas)关于60、70年代妇女杂志推出测验的方式"夸大了[读者的]心理分裂"的观点相差无几。问问题会把人们导向社交空间,但与此同时也会产生相反的作用。有些问卷催生出一种身份意识和个人操守(我知道这个问题的答案;我就是这么想的);而另一些问卷则会让人变得不安(我之前从来没有想过这个问题;我不知道要说什么)。佩雷蒂观点的新颖之处,在于它强调了加速这个过程。1996年,他把这种节奏上的加速——有些模糊地——归因于"晚期资本主义",但现在我们更倾向于将其归因于社交媒体和网络出版令人眩晕的节奏。看起来大学时代的佩雷蒂就已经预见了他将会对其进行定义的当今世界。

从加州大学圣克鲁斯分校毕业之后，佩雷蒂在麻省理工学院的媒体实验室继续研究生的学业，在那里他主修的是教育和游戏设计。在同时期，他对"文化恶搞"（culture jamming）稍有涉猎，在一个名为"传染媒体项目"的松散小团体的掩护下，他策划和执行了几起对于精英概念的政治宣传的恶搞事件。2001年，佩雷蒂向耐克公司特别订制了一双运动鞋，要求在鞋上绣上"血汗工厂"的字样。该公司拒绝完成这项订单，佩雷蒂就把自己与客服人员之间的挑衅性的电邮往来发给了十个朋友，之后这些电邮流传开来。佩雷蒂和姐姐——喜剧演员切尔西·佩雷蒂（Chelsea Peretti）——一起创建了名为"黑人爱我们"（Black People Love Us）的网站。该网站对吹嘘自己有黑人朋友的白人自由主义者们进行讽刺。同样，这个网很快也流行开来。

这些早年的活动激起了佩雷蒂对于内容在网上扩散开来的方式的兴趣，这个问题在那个时代还是一个全新的研究课题。但是，他早年对于反资本主义的兴趣并未持续多久。和他的前辈——乔治·盖洛普和保罗·拉扎斯菲尔德——一样，佩雷蒂迅速地被那些已经预测到了他的作品将会带来的结果的广告商和媒体总裁们所收编。通过一位麻省理工学院数据实验室里的老熟人——社会学家邓肯·沃茨（Duncan Watts）——的牵线搭桥，他结识了媒体总裁肯尼思·莱雷尔（Kenneth Lerer），后者帮助他在 2005 年创办了《赫芬顿邮报》（Huffington Post）。一年之后，佩雷蒂创办了 BuzzFeed。2007 年，他又和沃茨合作在《哈佛商业评论》（*Harvard Business Review*）发表了题为《现实世界里的病毒式营销》（"Viral

Marketing in the Real World")的文章。当年被佩雷蒂用来批评资本主义的技术,现在已经被用来辅助资本主义的发展了。

起初问卷并不是佩雷蒂创办的 BuzzFeed 最受欢迎的业务。编辑部主任萨姆娜·安妮·伯顿(Summer Anne Burton)指出,他们的问卷业务是从 2013 年才开始起步的,那时候网站的网页开发团队开始致力于给编辑们提供"更为全面的测试工具"以及一个更为清晰的、更有吸引力的视觉模版。2013 年 6 月发布的一个题为"你是电影《油脂》(Grease)里的哪一位粉红女郎?"(副标题为"参与这个测试比好多事情好玩多了")的测试,在该年年底出人意料地成为了他们网站被分享次数最多的内容。BuzzFeed 的公司文化,大力支持复制意外造就的成功案例,所以在《油脂》测试成功之后,伯顿召集编辑团队开会,探讨未来测试业务的潜力。很快数以百万计的人们蜂拥而来，到网站参与测试。有些人甚至还在一个名为"BuzzFeed社区"的在线平台上，贡献了他们自己设计的测试。

BuzzFeed测试业务的进化史，可以说是问卷发展史的一个缩影。尽管有尝试有失败，BuzzFeed的编辑们发现人格测试跟其他相比效果最好：相较于接受对于自己的知识储备的测试，读者们普遍更喜欢被告知他们是谁；就像相较于参加类似于美国高考学术能力测试之类的智力测验一样，美国人普遍更喜欢类似于迈尔斯-布里格斯类型指标之类的心理测试。他们还发现"以身份为基础的"测试——不仅仅是种族和民族身份，还包括在线粉丝文化和其他少数人口社群身份——是非常靠谱的成功保证。这些发现催生了类似于"你是哪一种哥特人？"的针对微观社群的测验。

这些花样繁多的在线亚文化的共同之处在于青年。众所周知，BuzzFeed的内容在"千禧年一代"——这是一个包括了从出生在1980年代早期到2000年代早期的所有人的模糊的代际概念——之中特别流行。但是"千禧年一代"并非只是用来标示网站核心用户群的一个方便的名词，它同时还是一个对于测验来说不停重复出现的主题。这一名词在文化上的对应点，经常被卡定在1990年代，那时候"千禧年一代"中年龄最大的那一代刚好成年。杜威式的怀旧（"你是《新鲜王子妙事多》中的哪个人物？"）与当代的嘻哈文化（"《嘻哈帝国》中的哪一首歌最能描述你的生活？"）以及尖端科技消费（"让我们来决定你是否应当买苹果手表"）在这些在线测试中并存。像"你真的成长在90年代吗？"和"你是更像一个90年代还是00年代的孩子呢？"之类的问题，非常努力地想要在一片模糊中划分出界限，鼓励用户们把自己放置在尽可能小的一个代际单位里。这一策略现在依然流行；BuzzFeed 的"测验与游戏"部门主任马修·佩尔佩图阿（Matthew Perpetua）在 2015 年 9 月告诉我，他们网站的用户群"对于年龄和代际概念非常着迷"。

BuzzFeed 的年轻读者们喜欢谈论那些能够表示他们的代际归属的测试是非常偶然的，因为该公司在媒体行业的地位及其对于投资者和广告商的吸引力，在很大程度上，是由它与"千禧年一代"有特殊联系这一观点决定的。测验使得 BuzzFeed 能够通过与通常的市场营销调查不同的方法，来测评和重新定义这些代际范畴。但是，与传统调查主攻消费动机或是其他高大上的主题不同，人们吵闹着接受 BuzzFeed 所推出的类似"那么你到底在多大程度上属于千禧年一代呢?"的问题。这些测试提供了一个空间,最终市场营销者们试图定义用户群的努力与个体用户自身的欲望交织在一起。

*

从反资本主义的角度来看,佩雷蒂又回到了他参与"文化恶搞"的青年时代。BuzzFeed的内容和病毒式营销的重叠,至少是有点不那么能上得了台面的。然而,如果你把 BuzzFeed 的测试和所有那些臭名昭著的污染当今网络的内容——比如侵扰普通公民的八卦网站;在三手甚至四手报道的基础上极尽夸张之能事、粗制滥造的、错误百出的爆料新闻;含有死亡和强暴威胁的种族主义的、厌女症倾向的冗长议论文章——放在一起的时候,根本都不用明确作出区分,就能高低立现。我们为能想到的描述BuzzFeed的词语至少是"无害的"。人们参与这些测试时，很容易带着一种屈尊俯就的态度，但很难会带着恨意。而且在一个我们的仇恨浓度经常会决定我们往哪个方向输送文化关注的时代，这些问卷大多数都不在仇恨雷达的显示器上。

但是，还是有人对于BuzzFeed目前的测试业务及其与普遍意义上的在线数据收集现状之间的关系，提出了几个重要的问题。其中一种担心在媒体中被着重——如果还不够广泛的话——提出，这就是，BuzzFeed正在收集和向广告商及营销商出售测试答案数据的可能性。2014年3月，在美国国家广播电台（NPR）的"市场"栏目播出的一则故事中，记者史黛西·瓦涅克·史密斯（Stacy Vanek Smith）推测，BuzzFeed中的测试结果可以被其合作商用作市场调研数据。通过描述一个由HBO品牌赞助的、题为"你会在《权力的游戏》中选择哪种死法?"的测验,史密斯说,"HBO现在不仅知道了我在看《权力的游戏》,它还经由测试从我这得到了很多信息。我最偏爱的酒精饮料是白葡萄酒。我上一顿饭吃的是牛排。我最大的恐惧是失败。我对于天堂的设想是一个位于热带的沙滩。这些都是极具价值的信息。"

迄今为止,BuzzFeed已经对出售,甚至是除了最为必要的分析(比如多少人参与了测试,他们是否分享了测试,他们最终的测试结果)之外的,收集用户信息的可能进行了否认。但是,宣称他们公司并没有记录关于用户的细节信息很明显是一派谎言。"当你登录BuzzFeed的时候,他们记录了关于你的很多信息。"这是丹·巴克(Dan Barker)在其2014年6月发表的题为《BuzzFeed在看着你》中的

第一句话。"大多数网站记录某些信息。BuzzFeed记录所有信息。"巴克指出，只要你打开了他们的网页，发向这个网站的谷歌分析代码的自定义变量，就会允许他们看到你是否登录过脸书、你的年龄、性别、你现在所在的国家，以及你在过去分享BuzzFeed内容的次数。在测试这个特殊的问题上，该网站同样记录下每一次"事件"（例如，在页面上的每一次点击）。"如果你点击了'我从来没有过饮食紊乱问题'（这是在"你有多么幸运呢？"测试下面的真实清单列表），他们就会记录下那次点击，"巴克这样写道。这意味着，至少在理论层面，BuzzFeed拥有一些关于其用户的非常敏感的信息。巴克指出，BuzzFeed可以轻易地做出根据不同特点进行分组的客户清单，比如说具有饮食紊乱问题的、改变过性别的、因为精神疾病而服药的。从市场营销的角度来说，这些数据和你吃牛排、喝白葡萄酒这些事实一样有价值；而从隐私的角度来说，这当然是隐含后患的。

另外，还存在着一个靠这类个人信息来盈利的市场。像益博睿（Experian）、布鲁开（BlueKai）、艾克赛雷特（eXelate）之类的经纪公司，一方面是发布者和社交媒体平台之间的中间人，另一方面是发布者和广告商及其他潜在的数据购买者之间的中间人。经纪公司把这些数据收集起来，储存在他们的服务器上，通过算法进行分析，然后把这些数据拆分成可供销售的不同人口版块。"从理论上讲，你可以找到所有网名为"黑武士"、住在西雅图，并且喜爱 Hello Kitty 的人群。再作点简单的分析，你就会发现这个人口版块很可能正打算买辆新车。"关于在线隐私的传媒学者与专家阿拉姆·辛赖希（Aram Sinnreich）这样告诉我。

（正如在 OkCupid）的例子中，原始数据的琐碎性并不意味着不能从中找出统计意义上的关联性。）那么，这一人口版块的信息可以被出售给汽车公司，然后这个公司就可以针对经常浏览《星球大战》和 Hello Kitty 的粉丝网站、并且搜索过去西雅图-塔科玛国际机场的打折机票的这一小部分人群，投放广告或提供打折服务。

应当说目前还没有直接证据证明 BuzzFeed 目前正在向第三方出售其用户的个人信息。但是，可以肯定的是，这个公司同时具有技术能力和强烈的经济动机来做这件事。尽管问卷答案还没有被交易或分享，目前没有任何措施来阻止 BuzzFeed 现在收集这些数据而在日后——他们公司业务不景气或是被更大的公司收购以后——进行出售的可能。在我写作这本书的时候，对于这些行为法律上还并未作出多少限制,除非是一些与医疗信息或 13 岁以下的未成年人有关。

对于在线数据收集的法律规范的缺失是非常惊人的,特别是考虑到在近些年数据收集对于媒体和广告行业日渐增加的重要性。有批评家指出,这些事件会有非常重要的社会影响。约瑟夫·图罗(Joseph Turrow)在其 2011 年的著作《日常生活中的你——新型广告工业是如何界定你的身份和价值的》(*The Daily You: How the New Advertising Industry is Defining Your Identity and Your Worth*)中,预测了一种阶级分层的新形式。这一预测基于这样一个事实:根据用户的数据信息资料,"市场营销家们把人群分为目标和垃圾"——也就是说,从市场影响的角度来说,分为有吸引力的和没有吸引力的。图罗说,"能够反映社会背景、地点、活动,和数亿个人之间的关系的更广范围的数据分数,正逐渐成为网络世界中基本的交换货币。"一旦个体被根据他们的浏览和搜索史以及他们填写在线问卷的答案等信息被划归为"目标"或"垃圾",那么他们在线所遇到的广告信息会不同。"这些被认定为垃圾的人群会被忽视或是分流到那些市场影响商们会认为更符合他们的品位和收入水平的商品那里去,"图罗指出,而"被认定为目标人群的人口信息、信仰和生活方式则会得到更进一步的评估。目标人群收到不同的信息和与他们的资料相匹配的不同折扣。"

这些行为给经济机会的平等化带来的破坏性,以及给捕猎性或歧视性价格策略所带来的潜能,都是显而易见的。除此之外,这些分类还会造成政治及经济层面的影响。当你把数据行业对受众进行的"目标"与"垃圾"的分类与内容个性化和"适应化"——这里的"适应

化"指的是根据浏览者的"信用记录",广告
和网页的实际内容会发生相应的变化——的趋
势结合来看,你开始看到这些个性化的内容是
如何导致社会和政治操控的。如果一个"目
标"(可以任意假设一个例子,不管这个目标
是富人、亿万富翁、白人,还是男人)看到了
一则新闻故事的一个版本——对于现实的建
构——而一个"垃圾"看到了另一个版本怎么
办呢?一个公司会出钱压制一个不加区别为所
有收入阶层、代际人口和地理区域所设计的故
事吗?这些接触信息时的不平等权利对于塑造
公共意见会带来什么影响呢?超级政治行动委
员会(Super PACs)会在大选中出钱以保证不
同人群所能看到不同的报道吗?那么阿多诺的
F量表呢?它难道不可以被政治候选人们用来
测试百姓是不是更有可能接受他们的意识形
态,从而向他们输入那些能够强化这种意识形

态的信息吗？

在《日常生活中的你》一书中，图罗强调了很少有网民理解在线追踪的全面性或者是他们的私人数据所具有的商业价值这一事实所包含的潜在的危险。"拿金融工业举个例子，情况就显而易见了。"他写道，"金融业是一个参与了各式各样的消费者和规范者都不知晓的、但对我们的生活有严重的负面影响的、秘密行动的行业。如果广告行业也跟进了同样的路径，那是非常不幸的。"跟金融行业一样，有可能政府对于数据行业的监管是解决这些困境的那个（或其中一个）办法。2013年12月，图罗作为专家证人列席了一次美国参议院的由参议院员约翰·D·洛克菲勒四世（John D. Rockfeller IV）召集的听证会。在参议院洛克菲勒对于听证会流程的介绍中，强调了数据经纪行业仅在2012年就获得了1560亿美元的收入——"这是美国政府整个情报行业预算的两倍。"——然而,与"收集关于我们的信息的政府或法律执行部门不同,数据经纪行业在没有远见地发展他们行业。"洛克菲勒说,他"为一些关于数据经纪商们根据美国人的收入进行分类,以及他们把经济上弱势的群体列入名为'农村和勉强维生的''艰难的开端:年轻单身父母''挣扎的退休者:小城镇和农村的老人们',以及'动不了的人'的分类中。"如果这些分类方法被更多人所知,不难想象一个大范围的针对数据经纪商的民粹主义的反抗运动就会兴起,这可以看作是2008年金融危机之后针对银行及衍生的贸易商的(暂时的)愤怒情绪的一个继续。

在接下来的几年里,很有可能我们会看到政府对于数据行业的管理。但是,现在有一件事是确定的,那就是任何这种管理措施都会遭到数据经纪商们的反对。益博睿公司的公共政策部门的资深副主席——汤姆·汉德利（Tom Hadley）和直接市场营销协会（Direct Marketing Association）的政府事务部门资深副主席——杰里·塞拉塞尔（Jerry Cerasale）都在2013年的听证会上为这种监管会对美国经济造成的负面影响作证。汉德利甚至宣称"美国公司收集和分享消费者信息的方法……是我们的生产力、创新和在国际市场上的竞争力的'秘密武器'。"益博睿之类的公司的商业模式是建立在对于客户隐私的侵犯和在不同公司间进行的对客户信息的免费交易让的，这让人想起了亚当·斯密的观点——"同一个贸易行业的人很少见面……但是他们会进行关于针对公众的阴谋的对话。"

现在很难预测像 BuzzFeed 之类的发布商、像脸书一类的社交媒体平台、像 OkCupid 一类的相亲交友网站是否会因为这个问题受到惩罚。对于用户数据的收集和销售会成为这些公司与政府管理相抗衡的一个主要领域吗？这种对于来自民众的善意的牺牲——如果用户开始相信BuzzFeed是在利用使用那些从测验中搜集的数据——真的比不上放弃利用数据而产生的利益损失吗？

没有人准确地知道答案，但现在进行些猜测也不能说为时过早。几乎所有的指标——BuzzFeed前所未有的对于加入品牌内容的怡然自得，佩雷蒂对于职工成立工会这一想法的反对——在表明这一被广泛认知为电子媒体行业的领军公司的日益彰显出的唯商是从的态度。当不可避免的公众对于数据、广告和媒体的反抗开始的时候，BuzzFeed将会率先作出应对，而其他公司将会跟进，所以很难想象他们会是乖乖就范的榜样。

所有这些问题都和消费有关：我们买或者吃或者看的东西，以及我们能够得到他们的权利。但是大众数据的收集也会影响生产：影响我们工作的方式，和我们的工作被管理的方式。现在已经有征兆表明 BuzzFeed 以及其他类似的公司，正在把我们带回威廉姆·怀特所描述的 1950 年代，在那里，问卷和测试被用来影响雇佣决定和监管工作表现。

矛盾的是，BuzzFeed 自身也许并不是见证这一切发生的最合适的场所。在媒体圈里，这个公司最为知名的是提供一种相对轻松的、甚至快乐的工作环境。他们的风投资金充足，而且看起来一直在招聘。员工也非同寻常地多元，而且尽管佩雷蒂公开抵制职工工会，他在所有的记录中都是一个自由派的、思想开放的、对于试验和员工自主性非常看重的老板，这种放任自由的态度充斥在公司的各个层级里。表面上看，BuzzFeed内部没有一丝一毫，能与怀特在20世纪中叶所描述的泰勒式的、测试的工作场所异托邦关联起来。

但是，从职工的角度来看，最重要的不是BuzzFeed自身所提供的工作环境，而是它会引起的其他工作环境的变化。从一开始，佩雷蒂对于BuzzFeed的设想就与白领员工特定的工作环境，以及他关于工作领域是应当如何建构的设想密切相关。回到2006年，那时候佩雷蒂还在《赫芬顿邮报》工作，他围绕着一个粗略的名为"职业社交圈厌倦"的想法发布了一则网上宣言。"数以百万计的办公室白领们坐在电脑前面，发邮件、发博客、发信息，以及在社交场里穿行，"佩雷蒂写道，"这些注意力不集中的公司员工们出于一个偶然的奇迹建立了'职业社交圈厌倦'——一个巨大的依赖于人力的社交网络，它的辐射范围比CNN、ABC、BBC

都要大。"这一巨大的读者群——有工作但在当下这一刻手头没有工作的白领职工——正是BuzzFeed最初设定的目标服务人群。该网提供的内容,除了极少部分的健康的长篇新闻报道或文化批评,大部分还是一块块的可以在休息时间,或老板不在的时候偷偷快速消费的小文章。

这种工作环境和媒体环境的诡异吻合在当下对于大多数人来说,都已经非常普遍了,我们甚至很少去意识到这一点的存在。但是这种情况在历史上是没有先例的。之前的美国人从未在工作场合阅读新闻、观看影片,或是玩玩具。(也许,唯一的例外是藏在桌下的字谜游戏。)不仅仅是因为那时候这些活动很难不被领导发现——而现在在电脑上切换一下页面就可以完成——而是那时候没有任何人想到在工作场合做这些事情。他们更不会在仅有的休息间隙里回答关于自己的问题。问卷——正如怀特在《管理人员》里所提醒我们的那样——与管理、与控制相关：它们主要是被用来憎恨、恐惧和蔑视的。

但是BuzzFeed跟它之前的OkCupid一样，催生了一种人们能在其中主动享受回答关于自己的问题的实际环境。以往感觉到的危险都消失了；问题和答案都是有趣的；而能够马上与朋友分享的可能——时常沉浸在虚妄的胜利感或义愤填膺之中——也增加了一种不可抗拒的展览室的乐趣。对于我们很多人来说，在BuzzFeed这样的网站上四处逛逛、再做做问卷，是工作过程的一部分，就像上洗手间和抽烟一样自然；不管我们是在办公室，还是有网络的咖啡店，还是在家里工作。

1950年代中期，美国白领工人们也会在领导的强迫下参与人格测试；六十年后，我们一遍又一遍地、自愿地、几乎每一天都会做人格测试。这种我们工作方式的转变——或者，更准确地说，我们拖延工作的方式的转变——与前任无法想象地细致追踪员工行为的新科技的发展同时发生。2013 年唐·派克（Don Peck）在《大西洋月刊》（*Atlantic*）发表特别故事《他们在看着你工作》（"They're Watching You at Work"）。其中派克指出，人格测试虽然自从其鼎盛时期的 1960 年代起就不断在法律和科学层面引起争议，但现在它正在被人力资源部门重新启用。派克描述了为了评估应聘候选人，而"由神经学家、心理学家和数据科学家组成的团队所设计的基于应用程序的电子游戏"；打 20 分钟的游戏已经足够"产生几兆的数据，这已经比一场美国高考学术能力测试或是其他的人格测试收集到的数据多出几个数量级。"一个名为伊沃弗（Evolv）的公司开发出了"一系列测试使得公司能够获取所有申请工作和已经被录取的员工的数据——通过这套数据,长久以来困扰工业心理学家们的样本偏见问题也迎刃而解了。"在不远的将来,随着语言分析科技的发展,派克预测将会出现"[能够]自动追踪劳动力的邮件往来,从中发现能够利用统计方法与在某些职位上成功或失败的程度联系起来的短语或交流方式的程序。"但就目前来说,已经有大量的知识被精明的经理们从员工的"数据签名"中抽离出来:"大量的数据被美国公司例行收集,放在云存储中等待分析。"派克写道。

让我们想象一下派克描述的所有的趋势都将会继续加速发展,不会被政府的管理或民粹主义的对抗所束缚。现在想象一下,这些一直受到监视的白领员工们习惯性做的、当他们感觉枯燥的时候做的,就是访问 BuzzFeed 和做测试。他们所提供的关于自己的信息，很有可能看起来是琐碎的、暂时的、与他们所做的工作完全无关的。（当然了，这些数据也有可能是完全不准确的。）但是，测试发布商们可以不受任何阻拦地掌握这些数据，并且再把这些数据——也许会绕道通过比如艾克赛雷特、益博睿或布鲁开之类的第三方的数据经纪商们——卖回给无聊的员工雇主们。

一旦雇主们有了这些数据，能做什么呢？如果这些数据被适当地匿名化了，那么雇主们就不可能利用这些数据来惩罚或奖励个别员工，这对于那些担心社交网络变成一个资本主义圆形监狱的雇主来说多少是有点不舒服的。但是，他们还是能够利用这些数据来理性化指导招聘、管理，或是制定公司策略。比如可以用来合理化选定解雇对象的过程：不是通过筛选出业绩不突出的个人（当然，还是假设数据是匿名的),而是通过建构出雇主"想要的"和"不想要的"员工类别。派克指出资深水平的电脑编程技能与访问一个特别的日本漫画网站紧密相关。如果这种出人意料的相关性已经被用来确认特别接触的应聘候选人,那么怎样才能阻止公司更进一步,运用这些数据过滤掉"不想要的"员工呢?

大数据的政治仍然是受到控制的,尽管很难相信以后它不会朝着管理层而并非工人阶层倾斜。老板们很可能会倾向于投入大量的资金用于数据分析——正如他们曾经往人格测试进行的投入一样——而不是用于提升工资。或许雇主们会用漂亮的口头承诺——就像在伊莎贝尔·迈尔斯的时代——来鼓舞员工的士气或是"使员工更适合他的工作",但底线还是效率。有一些公司或许会回避这些优化措施,因为伦理的原因,或者是因为公共层面的压力,再或者是因为他们还未了解到这些措施的益处。其他人会因为价格原因而在竞争中出局：只有最富有的才能够在这场数据游戏中获胜。

正因如此，BuzzFeed 在我们的文化中所鼓动的娱乐性数据条目没有道理不被收编进有待改进的服务项目中：也许优生学的复兴，提供了可以跟种族、民族，或是出生国等细节相关的数据。现代的民粹主义者——比如那位公开接受建立一个关于住在美国的穆斯林的数据库的唐纳德·特朗普（Donald Trump）——也许会欣然签署不同版本的由如罗伯特·耶基斯和卡尔·布里格姆之类的优生学家所推进的各项议程。的确，在当下由佩雷蒂、克里斯汀·鲁德尔和马克·扎克伯格等数据大佬们所扶持的意识形态是（尽管是反工会主义的）相当进步的。他们想利用自己手里平台的惊人能力来推动科学、曝光种族主义，以及推动对于开放社会来说至关主要的观点的交流。他们想要——迄今为止还可以说是一种类似于硅谷套话的模式——来把世界变成一个更好的地方。但是高尔顿、盖洛普、和保罗·波普诺等，所有在过去的一个半世纪里，试图设计出新的方法来让人们回答关于自己的问题，或是设计出新的目的来把问卷答案应用其中的人，都是这样做的。

提问的艺术跟其他艺术一样，容易遭到误用。关于人们喜欢什么、人们享受、思考、或信仰什么的问题，是支持任何官方意识形态最有力的支柱之一。盖洛普在 1940 年就意识到了这个问题：这也是为什么他坚持认为，测量公共意见时的准确性是把民主和专制区分开来的重要部分。今天，区分严肃研究和日常探查的心理学界限已经被完全泯灭了，而收集、分类和使用从这些研究而来的数据的科技力量，已经成长为蔚为壮观的一股力量。

"这是组织的声音，"1956年怀特在分析公共场所的人格测试时，这样写道。"如果有人想依据目前我们正在深化的已经非常明朗的组织潮流，来判断未来会变成什么样子，那就让他好好地想一想这些问题正在导向哪里吧。"今天，怀特的受迫害妄想症的风格看起来有点过度：并不存在浑然一体的组织，有的只是一个由各个带有变动的、偶尔一致的利益取向的小组织组成的相互纠缠的网络。

但是，让我们设想一下：这一切都在朝着什么方向发展呢？将会面临什么新问题呢？

回答之前，请好好思考。这不是一道测试题。

致谢

许多人对于这本书的写作都提供了巨大帮助。David Auerbach、Summer Anne Burton、Ashley Perez、Matthew Perpetua、Doree Shafrir、Aram Sinnreich 以及 Stacy Vanek Smith 都慷慨同意接受了我的采访。Russell Brandom、Tim Carmody、Kristiania Clark、Lori Cole、Kevin Driscoll、Merve Emre、Suzanne Fishcher、Mary Kim、Leila A. McNeill、Joanna Neborsky、Matt Pearce，以及 Writers' Room Slack 的同仁们，向我分享他们的建议、想法、线索和他们自己在进展中的工作。还有 Colin Dickey、Rob

Horning、Hua Hsu、Claire Jarvis、Joshua Joy Kamensky、Ariana Kelly、Phil Maciak、Ben Merriman、Sarah Mesle、Rebecca Onion、Nikil Saval、Jennifer Schnepf、Jacqui Shine、Moira Weigel 以及 Ben Wurgaft,他们阅读这本书的部分章节并给出了可贵的回馈。David Yourdon 在交稿日期的前一个周里把整本书的第一版手稿阅读了一遍。上百位朋友、熟人,甚至一些不那么熟悉的新知都通过社交媒体平台给予我帮助、鼓励、建议,和欢乐的慰藉。特别要感谢的是 Amina Cain 和 Ariana Kelly,他们邀请我到洛杉矶的 Errata Salon 讲座系列做讲座,发展成这本书的最初想法就是从这次讲座中生发出来的。为了把第三章发表在 *Pacific Standard* 上,Ted Scheinman 做了大量的编辑工作。Ian Bogost 和 Christopher Schaberg 提供了充满智慧的批评和帮助。Haaris Naqvi 从很早的时期就对我的这个项目提出了鼓励,而且娴熟地引领我走到了出版这一步。Alice Marwick设计了一个绝妙的封面,这让我更有动力把书写完。Kathy Daneman 则提出了巧妙的战略才使得这本书能够面世。

还要向我的父母 Jeffrey and Louise Kindley 表达我的感谢、感情和崇拜,他们也许以我尚未理解到的方式影响了这本书的内容。最后,最重要的感谢留给 Emily Ryan Lerner:我的妻子、最好的朋友、我的定海神针和根基所在。

索引[*]

"About a Lucky Find" (Berge)《一个幸运的发现》(伯奇) 19

Adair, Gilbert 吉尔伯特·阿代尔 20—21

Adams-Lepley 亚当斯-莱普利测试 33

Adorno, Theodor 西奥多·阿多诺 61—70, 116

The Authoritarian Personality《权威性人格》 64—70

advertising *see* marketing 广告, 见市场营销

AFL, *see* American Federation of Labor (AFL) AFL, 见美国劳工联合会 (AFL)

AIFR *see* American Institute of Family Relations (AIFR) AIFR, 见美国家庭关系研究所 (AIFR)

algorithms 算法 5, 88, 92, 94, 99—100, 106, 114

Alport Ascendance-Submission Reaction Study 奥尔波特 A-S反应研究 33

American Federation of Labor (AFL) 美国劳

---

[*] 本索引所示页码为原书页码, 即本书边码。——译者注

工联合会（AFL）32
American Institute of Family Relations（AIFR）美国家庭关系研究所（AIFR）75—77，84，90
American Institute of Publica Opinion 美国公共舆论研究所 57，71
American Journal of Sociology《美国社会学期刊》12
Amerian Peronality Analysis *see* Oxford Capacity Analysis（OCA）美国人格分析，见牛津能力分析（OCA）
American Psychological Association 美国心理学会 26，46
 Committee on the Psychological Examination of Recruits 招聘心理测试委员会 26—28
American Speaks!（Gallup）讲话的美国人!（盖洛普）57
anonymity 匿名 10，98，123
Anthropometric Laboratory 人体测量实验室 15

anthropometrics 人体测量学 6，12，15，25—28
anti-Semitism 反犹主义 64，66
Apostrophes《撇号》21—22
Applied Eugenics（Popenoe, Johnson）应用优生学（约翰逊·波普诺）74
applied psychology *see* industrial psychology 应用心理学，见工业心理学
Army Alpha and Beta Intelligence Tests 军队甲种及乙种智力测试 26—31
"Art of Asking WHY in Marketing Research, The: Three Principles Underlying the Formulation of Questionaires"（Lazarsfeld）《在市场研究中询问为什么的艺术——问卷制作的三个原则》（拉扎斯菲尔德）59
Atlantic Monthly《大西洋月刊》29，121
Authoritarian Personality

(Adorno)《权威性人格》(阿多诺) 64—70

baby books *see Record of Family Faculties* (Galton) 育儿手记,见《家庭禀赋记录》(高尔顿)

Bacon, Sir Francis 弗朗西斯·培根 2—3

Ballo, Kaja 卡贾·鲍洛 51, 52

Barker, Dan 丹·巴克 113

Beardsley, Aubrey 奥布里·比尔兹利 17—18

"The Story of a Confession-Album"《一份自白录的故事》17—18

Berge, André 安德烈·伯奇 19—20

"About a Lucky Find"《一个幸运的发现》19

Bernreuter Personality Inventory 5 本罗特人格量表 33

Biblio《书目》20

Binet, Alfred 艾尔弗雷德·比内 25

Binet-Simon Scale 比内-西蒙量表 25, 26

Binet-Simon Scale 比内-西蒙量表 25, 26

Bluekai 布鲁开公司 114, 123

Boas, Franz 弗朗兹·博厄斯 35

Bored at Work Network (BWN) 职业社交圈厌倦 (BWN) 120, 123

Boring, Edwin G 埃德温·博林 35

Bouillon de culture《法国咖啡馆》22

Brain Watchers, The (Gross)《大脑守望者》(格罗斯) 35

Briggs, Katharine Cook 凯特琳·库克·布里格斯 41—42

"Meet Yourself: How to Use the Personality Paint Box"《与自己相遇——人格颜料箱使用大全》41—42

Mayers-Briggs Type Indicator (MBTI) 迈尔斯-布里格斯类型指标（MBTI） 1，38，41—45，48，52，93，98—99，110

Brigham, Carl C. 卡尔·布里格姆 29，35，124

 A Study of American Intelligence 《美国智力研究》 29，35

Brown, Helen Gurley 海伦·格利·布朗 80，81，82，84

 Sex and the Single Girl see also Cosmopolitan 《性与单身女孩》 80 亦见《时尚》（*Cosmopolitan*）

Brownmiller, Susan 苏珊·布朗米勒 81

beaucracy 官僚主义 4，7，15，33—34

burton, Summer Anne 萨姆娜·安妮·伯顿 109—110

Butler, Judith 朱迪斯·巴特勒 107

BuzzFeed 鸣推送网（BuzzFeed） 1—2，5，103—115，118—124

 analytics 分析 113

 data broerking 数据经纪 104—105，111，112—115，122—123

 demographics 人口统计学 110—111

 engineered change 工程变更 engineered change 120—121

 profitability 收益率 106，107，109，111

BWN *see* Bored at Work Network （BWN） BWN，见职业社交圈厌倦（BWN）

Cahiers du mois, Les 《月志》 19

California Test of Mental Maturity 加州心理成熟测试 45

Candolle, Augustin Pyramus de 奥古斯丁·彼拉姆斯·堪多 10

Can this Marriage Be Saved? (Popenoe) 《这段婚姻还有救吗？》（波普诺） 77, 81−82

capitalism 资本主义 4, 31−35, 107−109, 111, 123

"Capitalism and Schizophrenia: Contemporary Visual Culture and the Acceleration of Identity Formation/Dissolution" (Peretti) 《资本主义与精神分裂：当代视觉文化和身份建构/瓦解的加速》（佩雷蒂） 107−108

Caran, John 约翰·凯兰 88−89

Carter, Graydon 格雷顿·卡特 21

Cater, John Mack 约翰·麦克·卡特 82

Cattell, James McKeen 詹姆斯·麦基恩·卡特尔 32

Cerasale, Jerry 杰里·塞拉塞尔 118

Chemistry.com 化学网 87, 90, 92

Civil Rights Act (1964) 1964年美国民权法案 35

Compatible Partners 兼容性伴侣 90

confession albums 自白录 15−19, 23, 71, 84, 106

Conservation of the Family, The (Popenoe) 《家庭谈话录》（波普诺） 75

Consulting Psychologists Press (CPP) 咨询心理学家出版社（CPP） 44

Contagious Media Project 传染性媒体项目 108

Contre Sainte-Beuve (Proust) 《驳圣伯夫》（普鲁斯特） 23−24

Cosmopolitan 《时尚》杂志 6, 80−86, 104

Cosmopolitan's Hangup Handbook 《〈时尚〉杂志解忧手册》 80−83

CPP see Consulting Psychologists Press (CPP) CPP, 见

咨询心理学家出版社（CPP）

cults 邪教崇拜 cults 39, 47

Daily You, The: How the New Advertiseing Industry is Defining Your Identity and Your Worth (Turow) 《日常生活中的你——新型广告工业是如何界定你的身份和价值的》（图罗）115—117

Darwin, Charles 查尔斯·达尔文 10

data brokering 数据经纪 95, 98, 104 — 105, 111, 112—119, 122, 123

  manipulation 操控 116—117

  regulation 管理 117—119, 122

Dataclysm: Who We Are (When We Think No One's Looking) (Rudder) 《数据灾难：我们是谁（当我们以为没有人在看的时候）》（鲁德尔）96—99

Data Mate 约会伴侣 89

dating sites 约会场所 1, 5, 87—101, 118

  algorithms 算法 88, 92, 94, 99—100

  see also individually named dating sites 亦见个人提出的约会场所

Deleuze, Gilles 吉尔·德勒兹 107

Dewey, Thomas 托马斯·杜威 58

Diagnostic Interest Blank (DIB) 兴趣诊断问卷 (DIB) 36

Dianetic Research Foundation 戴尼提研究基金会 45

Dianetics 戴尼提［排除有害印象精神治疗法］46, 49, 51

DIB, 见兴趣诊断问卷 (DIB)

Dichter, Dr. Ernest 厄内斯特·狄克特博士 80

Didion, Joan 琼·迪迪翁 79

Direct Marketing Association 直销协会 118

Dobson, James 詹姆斯·多布森 90

Douglas, Susan 苏珊·道格拉斯 84, 107–108

Doyle, Arthur Conan 柯南道尔 18

Du Bois, W. E. B. W. E. B. 杜博斯 89

Duo Date Processing 89

Educational Testing Service 教育教育考试服务中心（ETS） 43

　Scholastic Aptitude Test (SAT) 美国高考学术能力测试（SAT） 25, 26, 43, 110, 122

eHarmony 电子和谐网 5, 87–88, 90, 91, 94

Engels, Friedrich 弗里德里希·恩格斯 18

English Men of Science: Their Nature and Nurture (Galton) 《英国科学家：他们的天性和教养》（高尔顿） 10–11

Enneagram 九型人格测试 1, 38

Ervin, Sam J. Jr. 小萨姆·欧文 35

eugenics 优生学 12–13, 26, 28, 31, 73–79, 90, 91, 123, 124

Evolv 伊沃弗公司 122

eXelate 艾克赛雷特公司 114, 123

Experian 益博睿 114, 118, 123

Facebook 脸书 5, 44, 96, 101, 103, 106, 118

"Fallacy of Personal Validation, The: A Classroom Demonstration of Gullibility" (Forer) 《个人鉴定谬误——关于轻信的一次课堂实验》（福勒） 35–37

fascism 法西斯主义 64–70

Faure, Antoinette 安托瓦妮特·福尔 18, 19

Faure, Félix 费利克斯·福尔 18

Feminine Mystique, The (Friedan) 《女性气质的神话》(弗里丹) 81

Feminism 女权主义 70, 72—73, 75, 80, 81—84

Fisher, Helen 海伦·费舍 90—91

Focus on the Family 对家庭的关注 90

Forer, Bertram 贝伦特·福勒 35—37, 38, 100, 101

"The Fallacy of Personal Validation: A Classroom Demonstration of Gullibility" "个人鉴定谬误——关于轻信的一次课堂实验" 35—37

Fortnightly Review 《双周评论》 13

Fox, Adam 亚当·福克斯 3

France 法国 18, 21—22, 51, 53

Frankfurter Allgemeine Zeitung 《法兰克福汇报》 20

Freberg, Stan 斯坦·弗雷伯格 72

Freud, Sigmund 西格蒙德·弗洛伊德 62, 73, 80, 82

Friedan, Betty 贝蒂·弗里丹 81

The Feminine Mystique 《女性气质的神话》 81

F-scale questionnaires F 量表 64—69, 116

Funky MBTI in Fiction "小说中的放客 MBTI" ("Funky MBTI in Fiction") 44

Gallup, George 乔治·盖洛普 53—58, 66, 69, 71, 88, 109, 124, 125

American Speaks! 《美国的呼声》 57

The Pulse of Democracy: The Public Opinion

Poll and How It Works《民意测试及其运作》53，54，56—57

"Quintamensional Plan of Question Design"《问题设计的五个维度》58

Galton, Francis 弗朗西斯·高尔顿 9—14，25，26，55，71，85，87，91，124

Anthropometric Laboratory 人体测量实验室 15

English Men of Science: Their Nature and Nurture《英国科学家：他们的天性和教养》10—11

Hereditary Genius《来自遗传的天赋》12

"Questions on visualizing and other allied faculties"《论可视化及其他相关才能》11

Record of Family Faculties《家庭禀赋记录》14，71

gender *see* psychological testing 性别，见心理测试

Germany 德国 12，54，62，64，74

Gettyburg Times《葛底斯堡时报》89

Gitelman, Lisa 莉萨·吉特尔曼 4

Paper Knowledge: Toward a Media History of Documents《纸上的知识——文档的媒介史》4

Gladstone, William Ewart 威廉·尤尔特·格莱斯顿 15

Gompers, Samuel 塞缪尔·冈珀斯 32

Gross, Martin L. 马丁·格罗斯 35

《大脑守望者》35

Guattari, Félix 费利克斯·加塔利 107

Guilford-Zimmerman Temperament Survey 吉尔福德-齐默尔曼气质调查 33

"Gullibility of Personnnel

Managers, The" (Stagner)《易受骗的人事主管》(斯塔格纳) 37

Hammer, Signe 赛纳·哈默 81

Handley, Tom 汤姆·汉德利 118

Hartlib, Sammuel 塞缪尔·哈特利布 3, 11, 15

Harvard Business Review《哈佛商业评论》109

Harvard Lampoon《哈佛妙文》92—93

Hereditary Genius（Galton）《来自遗传的天赋》(高尔顿) 12

Hitler, Adolf 希特勒 74

Mein Kampf《我的奋斗》74

Hubbard, L. Ron 罗恩·哈伯德 45—46, 47, 50

Dianetic Research Foundation 戴尼提研究基金会 45

Dianetics 戴尼提［排除有害印象精神治疗法］ 46, 49, 51

Scientology 山达基教 45—52

Huffington Post《赫芬顿邮报》109, 120

Human Inventory 人体量表 89

Humm, Doncaster 唐卡斯特·赫姆 31

Humm-Wadworth Temperament Scale 赫姆·沃兹沃思气质量表 31—32, 43, 45

Humm-Wadsworth Temperament Scale 赫姆·沃兹沃思气质量表 31—32, 43, 45

immigration 移居 28—29

industrial psychology 工业心理学 31—35, 43—44, 119, 121—125

Inside the Actor's Studio《演员工作室》22

intelligence tests see psychological testing 智力测试，见心理测试

Internet culture 网络文化

1, 6, 44, 49, 86, 92—93, 96, 108, 112, 116, 121, 123

intimacy 亲密性 15—17, 23—24, 84—85

Intramatics 89

Island, Heide 海德·艾兰 91

James, William 威廉·詹姆斯 55

Jameson, Fredric 弗雷德里克·詹姆逊 107

Johnson, Roswell Hill 罗斯韦尔·希尔·约翰逊 74, 75

Applied Eugenics 应用优生学 74

Johnson Temperament Analysis (JTA) 约翰逊气质分析 (JTA) 45, 46, 75—76

Johnson-Reed Immigration Act 约翰逊-里德移民法案 29

Johnson Temperament Analysis (JTA) 约翰逊气质分析 (JTA) 45, 46, 75—76, 119

Journal of Abnormal and Social Psychology 《变态与社会心理学杂志》 35

JTA see Johnson Temperament Analysis (JTA) JTA, 见约翰逊气质分析

Jugend und Beruf (Youth and Profession) (Lazarsfeld) 《青年与职业》（拉扎斯菲尔德） 60

Jung, Carl 卡尔·荣格 41—43

Psychological Types 《心理类型学》 41—43

Kardell, Robert 罗伯特·卡戴尔 89

Kemp, Raymond 雷蒙德·肯普 47

Klineberg, Otto 奥托·克兰伯格 35

Lacna, Jacques 让·拉康 107

Ladd-Taylor, Molly 莫莉·拉德-泰勒 79

Ladies' Home Journal《女士居家通讯》 77，79，81—82

Landon, Alf 阿尔夫·兰登 56

Lanier, Jaron 加仑·拉尼尔 99

Lazarsfeld, Paul 保罗·拉扎斯菲尔德 58—61，109

"The Art of Asking WHY in Marketing Research: Three Principles Underlying the Formulation of Questionnaires"《在市场研究中询问为什么的艺术——问卷制作的三个原则》 59

Jugend und Beruf (Youth and Profession)《青年与职业》 60

Lerer, Kenneth 肯尼思·莱雷尔 109

Lewis, Julia 朱莉娅·路易斯 46—47，76

L'Express《快报》 20

Linkletter, Art 阿特·林克莱特 88—89

Lippmann, Walter 沃尔特·利普顿 35

Lipton, James 詹姆斯·利普顿 22

Literary Digest《文摘》 56，57

London International Health Exhibition (1884) 1884年伦敦国际健康博览会 15

Look《展望周刊》 89

Lorde, Audre 奥德瑞·洛德 84

Machell, Thomas 托马斯·梅切尔 3

That the northern countries which abound in antiquities and ancient gentry, may no longer be bury'd in silence information is desir'd concerning the following queries as they lye in order《为了让遍布古董和老乡绅们的北方诸郡不再被埋没在故纸堆，请看以下逐次

提出的问题》 3

Malik, Zayn 扎恩·马利克 105

marketing 市场营销 37, 59－61, 72, 109, 111－115, 118

marriage counseling 婚姻咨询 75－80, 85, 88, 90

Marx, Karl 卡尔·马克思 18, 60, 62

Match.com 般配网（Match.com） 1, 5, 87－88

Matthew, Samantha 萨曼莎·马修斯 17

Maxwell, James Clerk 詹姆斯·克拉克·马克斯韦尔 10

MBTI see Myers-Briggs Type Indication (MBTI) MBTI, 见迈尔斯-布里格斯类型指标

McSweeney's 《麦克斯文学杂志》 92

Mead, Margaret 玛格丽特·米德 35

"Meet Yourself: How to Use the Personality Paint Box"（Briggs）《与自己相遇——人格颜料箱使用大全》（布里格斯） 41－42

Mein Kampf（Hitler）《我的奋斗》（希特勒） 74

men see psychological testing 男性, 见心理测试

military tests *see* psychological testing 军事测试, 见心理测试

Millett, Kate 凯特·米莱特 82

Sexual Politics 《性政治》 82

Minnesota Multiphasic Personality Inventory 明尼苏达多项人格测试 45

Mischel, Walter 沃尔特·米切尔 37－38, 100, 101

Personality and Assessment 《人格与评估》 37－38

misogyny 厌女症 76－77, 112

MIT Media Lab 麻省理工

学院媒体实验室 108, 109
Modern Marriage (Popenoe)《现代婚姻》(波普诺) 77
Myers, Isabel Briggs 伊莎贝尔·布里格斯·迈尔斯 42–43, 44, 52, 124
Myers- Briggs Type Indicator (MBTI) 迈尔斯-布里格斯类型指标(MBTI) 1, 38, 41–45, 48, 52, 93, 98–99, 110
Myers-Briggs Type Indicator (MBTI) 迈尔斯-布里格斯类型指标(MBTI) 1, 38, 41–45, 48, 52, 93, 98–99, 110

National Labor Relations Act (1935) 1935年美国劳工关系法案 32
National Review《国民评论》 79
nativism 本土主义 28–29, 124

Nazis 纳粹分子 12, 54, 64, 69, 74
Negations《否定》 107
New Republic《新共和》 41
New Yorker《纽约客》 94

OCA *see* Oxford Capacity Analysis (OCA) OCA, 见牛津能力分析
occupational tests *see* industrial psychology; psychological testing 职业测试, 见工业心理学; 心理测试
OkCupid 丘比特网(OkCupid) 5, 87–88, 93–101, 114, 118, 121
data brokering 数据经纪, 95, 98
experiments 实验 95–6, 97–98, 100
siren servers 海妖服务器 99–101
Operation Match 交友行动 89, 92
Organization Man, The (Whyte)《组织人》(怀特) 33–34, 121

Oxford Capacity Analysis (OCA) 牛津能力分析(OCA) 45–52, 76

Paper Knowledge: Toward a Media History of Documents (Gitelman)《纸上的知识——文档的媒介史》（吉特尔曼）4

Paul, Annie Murphy 安妮·墨菲·保罗 45

Paumgarten, Nick 尼克·鲍姆加登 94

Peck, Don 唐·派克 121–123

"They're Watching You at Wokr"《他们在监视你工作》121–123

People Are Funny《滑稽人物》88–89

Peretti, Chelsa 切尔西·佩雷蒂 108

Peretti, Jonah 乔纳·佩雷蒂 103–104, 107–109, 111, 118, 119, 120, 124

"Capitalism and Schizophrenia: Contemporary Visual Culture and the Acceleration of Identity Formation/Dissolution"《资本主义与精神分裂：当代视觉文化和身份建构/瓦解的加速》107–108

see also BuzzFeed 亦见鸣推送网

Perpetua, Matthew 马修·佩尔佩图阿 111

Personality and Assessment (Mischel)《人格与评估》（米切尔）37–38

personality tests *see* psychological tests 人格测试，见心理测试

Philadelphia (PA) 费城(PA) 53–54

Philip II, King of Spain 西班牙国王菲利普二世 2

Pivot, Bernard 贝尔纳·皮沃 21–22

Point, Le《观点》20

polls 民意测试 53–58, 100

see also Gallup, George 亦见乔治·盖洛普

Popenoe, Paul 保罗·波普诺 74—79, 81, 84, 88, 89—90, 91, 124
　Applied Eugenics 应用优生学 74
　Can This Marriage Be Saved?《这段婚姻还有救吗?》77, 81—82
　The Conservation of the Family《家庭谈话录》75
　Modern Marriage《现代婚姻》77
　Sterilization for Human Betterment《为人类福祉而绝育》74
Post-Traumatic Stress Disorder (PTSD) 创伤后应激障碍 (PTSD) 30
Princeton Radio Research Project 普林斯顿广播研究项目 61—64, 65
Principles of Scientific Management, The (Taylor)《科学管理的原则》(泰勒) 31
privacy 隐私 7, 9—10, 14—15, 24, 35, 84, 93, 97, 99—100, 113, 118
Privacy and the Rights of Federal Employees《隐私与联邦雇员权利》35
Project Technical Automated Compatibility Testing (TACT) 项目科技自动兼容性测试 (TACT) 89
Proust, Marcel 马塞尔·普鲁斯特 18—24
　Contre Sainte-Beuve《驳圣伯夫》23—24
　"Salon Confidences written by Marcel"《马塞尔在沙龙所作的自白》19
Proust Questionnaire 普鲁斯特问卷 19—24
Psychological Corporation 心理学协会 31, 32
Psychologial Examining in the United States Army (Yerkes)《美国军队中的心理检查》(耶基

斯）28

psychological testing 心理测试

  intelligence tests 智力测试 25-29, 35, 45, 49, 110

  men 男性 17-24, 71, 76, 79, 86

  military tests 军队测试 26-31

  occupational tests 职业测试 31-35, 43-44, 60-61, 119, 121-125

  personality tests 人格测试 1-2, 31-39, 41-52, 64-65, 68-69, 76, 85-86, 90-91, 93-94, 110, 116, 121-125

  women 女性 6, 15-17, 71-86,

  see also individually names tests 亦见个人命名的测试

    Psychological Types (Jung) 心理类型（荣格）41-43

PTSD *see* Post-Traumatic Stress Disorder (PTSD) PTSD, 见创伤后应激障碍

Pulse of Democracy, The: The Public Opinion Poll and How It Works (Gallup)《民主的脉搏——民意测试及其运作》（盖洛普）53, 54, 56-57

Querist's Album, The《问卷人辑录》16-17

"Questions on visualizing and other allied faculties" (Galton)《论可视化及其他相关才能》（高尔顿）11

"Quintamensional Plan of Question Design" (Gallup)《问题设计的五个维度》（盖洛普）58

quizzes 小测试 1-2, 5, 77-78, 80-86, 93-94, 103-125

race suicide *see* eugenics 种族自杀，见优生学

racism 种族主义 11—12, 28—29, 35, 64, 66—67, 74—75, 91, 98, 112, 124

Reader's Digest 《读者文摘》 43

Record of Family Faculties (Galton) 《家庭禀赋记录》（高尔顿） 14, 71

Remington Rand 雷明顿兰德公司 88

Revised NEO Personality Inventory 修订版五因素人格量表 1

Revue illustrée, La 《插图集》 18, 19

Rich, Jonathan 乔纳森·里奇 91

Rockefeller, John D. IV 约翰·洛克菲勒四世 117

Rockefeller Foundation 洛克菲勒基金会 58, 61

Rogers, Lindsay 林赛·罗杰斯 58

Roosevelt, Franklin D. 富兰克林·罗斯福 56, 57

Roper, Elmo 埃尔莫·罗珀 58

Rosanoff, Aaron 阿伦·罗森诺夫 31

Royal Society of London for Improving Natural Knowledge 伦敦皇家自然知识发展协会 9

Rudder, Christian 克里斯汀·鲁德尔 92, 93, 95—101, 124

Dataclysm: Who We Are (When We Think No One's Looking) 《数据灾难：我们是谁（当我们以为没有人在看的时候）》 96—9

see also OkCupid 亦见丘比特网（OkCupid）

Sainte-Beuve, Charles 查尔斯·奥古斯丁·圣伯夫 23—24

Salmon, Felix 费利克斯·萨蒙 107

"Salmon Confidence written

by Marcel"（Proust）《马塞尔在沙龙所作的自白》（普斯特） 19
see also Proust Questinnaire 亦见普鲁斯特问卷

SAT see Scholastic Aptitude Test (SAT) SAT，见美国高考学术能力测试

Saunders, Shirley 雪莉·桑德斯 89

Scholastic Aptitude Test (SAT) 美国高考学术能力测试（SAT） 25, 26, 43, 110, 122

science 科学 3, 4, 6, 14—15, 25, 35, 37—39, 53, 54, 57, 58, 85—86, 100, 101, 124

Scientific Introduction 科学介绍服务公司 89

Scientology 山达基教 45—52, 76

Scott Company 斯科特公司 31

Select-A-Date 89

Sex and the Single Girl (Brown) 《性与单身女孩》（布朗） 80

sexism 性别歧视主义 80—83, 90

Sexual Politics (Millett) 《性政治》（米莱特） 82

Shalit, Gene 吉恩·沙利特 89

Simon, Théodore 西奥多·西蒙 25
Binet-Simon Scale 比内-西蒙量表 25, 26

Sinnreich, Aram 阿拉姆·辛赖希 114

Smith, Adam 亚当·斯密 118

Smith, Barbara 芭芭拉·史密斯 88—89

Social Gospel movement 社会福音运动 53, 71

Socialist Student Movement 社会主义学生运动 60

social media see Facebook; Internet culture 社交媒体，见脸书；网络文化

Solzhenisyn, Alexander 亚历山大·索尔仁尼琴 22

Sontag, Susan 苏珊·桑塔格 22

Spark.com 火花网 92—94

　　see also OkCupid 亦见丘比特网（OkCupid）

Stagner, Ross 罗斯·斯塔格纳 37, 38

　　"The Gullibility of Personnel Managers"《易受骗的人事主管》37

Stanford-Binet Intelligence Scales 斯坦福-比纳智力量表 25, 26, 27, 98

Stanford University 斯坦福大学 25

statistical analysis 数据分析 63, 69, 72, 76, 77, 104, 111

stereotypes 刻板形象 63, 69, 72, 76, 77, 104, 111

Sterilization for Human Betterment（Popenoe）《为人类福祉而绝育》（波普诺） 74

Stern, Alexandra 亚历山德拉·斯特恩 76

"Story of a Confession-Album, The"（Beardsley）《一份自白录的故事》（比尔兹利） 17—18

St. Petersburg Times《圣彼得堡时报》 71

Study of American Intelligence, A（Brigham）《美国智力研究》（布里格姆） 29, 35

Sunday Correspondent《星期日邮报》 20

TACT *see* Project Technical Automated Compatibility Testing（TACT） TACT, 见项目科技自动兼容性测试公司

taxation 征税 2, 15, 29

Taylor, Frederick Winslow 弗雷德里克·温斯洛·泰勒 31

The Principles of Scientific Management《科学管理的原则》 31

Taylor-Johnson Temperament Analysis *see* Johnson Temperament Analysis（JTA） 泰勒-约翰逊

气质分析，见约翰逊气质分析（JTA）

Terman, Lewis 路易斯·特曼 25

That the northern counties which abound in antiquities and ancient gentry, may no longer be bury'd in silence information is desir'd concerning the following queries as they lye in order (Machell)《为了让遍布古董和老乡绅们的北方诸郡不再被埋没在故纸堆，请看以下逐次提出的问题》（梅切尔） 3

"They're Watching You at Work"（Peck）《他们在监视你工作》（派克） 121－123

Thurstone Personality Schedule 瑟斯顿人格量表 33

Time《时代周刊》 88

Tit Bits《点滴》 17

"Turbo Proust!"《启动吧，普鲁斯特》 21

Turow, Joseph 约瑟夫·图罗 115－117

The Daily You: How the New Advertiseing Industry is Defining Your Identity and Your Worth《日常生活中的你——新型广告工业是如何界定你的身份和价值的》 115－117

unionizaition 联合 32－33, 118, 119, 124

United Kingdom 英国 9－14, 48, 53

United States 美国 25－39, 41－48, 53－58, 61－69

military tests 军队测试 26－28, 29－31

UNIVAC 88－89

University of California 加州大学 64, 107

utopianism 乌托邦主义 4, 11, 12

see also Galton, Francis 亦见弗朗西斯·高尔顿

Vanity Fair 《名利场》 21

Proust Questionnaire 普鲁斯特问卷 21

"Turbo Proust!" 《启动吧,普鲁斯特》 21

Vetarans Administration Mental Hygiene Clinic (CA) 退伍军人管理精神卫生门诊(加州) 36

Victorian era 维多利亚时代 6, 9 — 20, 23, 71, 72, 86

Vienna Circle 维也纳学派 58

Wadsworth, Guy 盖伊·沃兹沃思 31
   Humm-Wadsworth Temperament Scale 赫姆·沃兹沃思气质量表 31—32, 43, 45

Warren, Neil Clark 尼尔·克拉克·沃伦 90, 91
   see also Compatible Partners; eHarmony 亦见兼容性伴侣;电子和谐网

Watts, Duncan 邓肯·沃茨 109

Whyte, William H. 威廉姆·怀特 33 — 34, 119, 121, 125
   The Organization Man 《组织人》 33 — 34, 121

Wilde, Oscar 奥斯卡·王尔德 18

women *see* psychological testing 女性,见心理测试

Woodworth, Robert S. 罗伯特·伍德沃斯 30—31
   Woodworth Psychoneurotic Inventory 伍德沃斯精神神经症量表 30—31

Woodworth Psychoneurotic Inventory 伍德沃斯精神神经症量表 30—31

Worthington Personal History Blank 沃辛顿个人历史量表 33

Yerkes, Robert 罗伯特·耶基斯 26, 28 —

39, 124

Psychological Examining in the United States 《美国军队中的心理检查》 28

Young & Rubicam 扬雅广告公司 55

Zickar, Michael 迈克·齐卡 32

Zola, Emile 埃米尔·左拉 18

Zuckerberg, Mark 马克·扎克伯格 124

see also Facebook 亦见脸书

图书在版编目（CIP）数据

问卷：潘多拉的清单/(美) 埃文·坎德雷著；李慧娟译.
-- 上海：上海文艺出版社，2017
（知物系列）
ISBN 978-7-5321-6534-6
Ⅰ.①问… Ⅱ.①埃… ②李… Ⅲ.①世界史－文化史 Ⅳ.①K103
中国版本图书馆CIP数据核字 (2017) 第326467号

This translation is published by arrangement with Bloomsbury Publishing Inc.
著作权合同登记图字：09-2016-822号

发 行 人：陈　征
策 划 人：林雅琳
责任编辑：余雪霁
装帧设计：胡　斌

书　　名：问卷：潘多拉的清单
作　　者：(美) 埃文·坎德雷
译　　者：李慧娟
出　　版：上海世纪出版集团　上海文艺出版社
地　　址：上海绍兴路7号　200020
发　　行：上海文艺出版社发行中心发行
　　　　　上海市绍兴路50号　200020　www.ewen.co
印　　刷：山东临沂新华印刷物流集团
开　　本：760×1000　1/32
印　　张：7.75
插　　页：3
字　　数：83,000
印　　次：2018年1月第1版　2018年1月第1次印刷
I S B N：978-7-5321-6534-6/G.0200
定　　价：28.00元
告 读 者：如发现本书有质量问题请与印刷厂质量科联系　T:0539-2925888